KB124693

교사를 위한 미술치료
청소년 편

교사를 위한

미술치료

청소년 편

김소울 · 이은정 · 최혜윤 공저

ART THERAPY FOR TEACHERS FOR TEENAGERS

학지사

감
사
의
글

『교사를 위한 미술치료―청소년 편』이 기획된 것은 꽤 오래되었다. 5년 전, 국제임상미술치료학회와 경기도전문상담교육연구회의 인연이 시작되면서부터이다. 당시 연구회장을 역임 중이던 이은정 선생님께서 흥미로운 제안을 내게 했다. 학교 현장에서 아이들과 소통하고 마음을 나누는 것의 중요성을 아는 현직 교사들과 예비 교사들을 위해 특별하게 수업의 생동감을 넣어 줄 수 있는 방법을 미술치료 프로그램에서 찾아보자는 것이었다.

현대 사회가 정보화되고 초고속화 경제성장을 하고 있음에도 아이들의 마음은 그만큼 성장하지 못하고 있는 것은 아닌지에 대한 염려와 교사이자 상담자로서 아이들의 마음 성장을 어떻게 도울 수 있을지에 대한 고민이 시작되었다.

학교 현장의 상담전문가인 이은정 선생님, 그리고 미술치료 실무 전문가인 최혜윤 플로리다마음연구소 부소장님과 함께 학교 현장에서 적용 가능한 실제적인 도서의 기획을 시작하였다. 현장감 있는 전달을 위해 학교에서 실제로 아이들과 함께 미술치료를 진행했고, 적용해 가며 프로그램을 다듬어 지금의 단계에 이르게 되었다. 그 외에도 여러 아이와 학부모님께서 이 책의 제작에 도움을 주었다. 도서의 도안 제작과 일러스트에 도움을 준 김수연 디자이너에게도 이 자리를 빌려 감사의 말을 전한다.

마지막으로, 이 책의 출판을 흔쾌히 수락하고 출판을 도와준 도서출판 학지사에게 감사의 말을 전한다.

2023년 1월
공동 저자 김소울

교사들의 전문성 향상은 곧 우리나라 교육 발전의 초석이 된다고 자부한다. 교사들의 전문적 학습공동체이기도 한 교사연구회는 뜻을 같이하는 현직 교사들이 모여 끊임없이 연구하며 학교 현장에 적용해 가고자 열정을 아끼지 않는 조직이다. 이러한 교사들의 연구 성과는 보다 발전적인 교육, 보다 지지적으로 성장하는 아이들을 키워 내기 위한 노력의 과정 중 하나일 것이다.

이러한 노력의 연장선으로 2018년 전문상담교육연구회가 출범하였다. 첫 하계 연수의 주제는 미술치료였다. 연구회 선생님들은 홍익대학교에 모여 홍익대 대학원 미술교육팀의 협력으로 현장 적용 중심의 다양한 프로그램을 실습하고 연구하였다. 선생님들은 미술 매체를 활용하여 아이들의 마음을 표현하고 정화하는 방법에 대해 연구하며 다양한 정서, 감정, 느낌이 각자의 색깔로 표현될 수 있음을 인식해 나갔다. 이러한 노력은 나에게 교사를 위한 미술치료 프로그램을 집필하고자 하는 기획 의지로 나타났다.

미국 플로리다 주립대학교에서 미술치료 전공으로 박사 학위를 받은 김소울 박사님과의 만남은 교사들이 미술매체를 활용하여 아이들의 마음을 보다 편안하고 안전하게 표현할 수 있게 돕는 방법적 면을 교실 현장으로 확장해 나갈 수 있음을 일깨워 주었다. 또한 미국 레슬리 대학교에서 공부한 미술치료 실무 전문가인 최혜윤 선생님을 통해 선진국의 미술치료가 우리나라 학교 현장에서 어떻게 활용될 수 있는지를 연구할 수 있었다.

요즈음의 교육에서 전인교육을 꿈꾸는 교사들이 학급경영 및 교실수업에서 다양

한 형태로 미술 매체가 활용되길 기대해 본다. 교과 수업과 마음 성장이 함께 이루어지는 교육! 교사들이 주체적이고 자율적으로 수업을 설계하고 교육과정을 재구성하는 데에 있어 미술 매체와 프로그램이 교육적 매체가 될 수 있기를 소망한다. 학교상담 전문가인 전문상담교사, 미술치료 전문가이자 교수자, 미술치료 전문 실무자가 공동 집필한 이 책이 교육 현장에서 학생−학부모−교사에게 마음을 소통하는 매개체 역할을 할 수 있는 좋은 자료가 되길 바란다.

　　지금도 고군분투하며 아이들을 위해 헌신하며 울고 웃고 있을 우리나라의 선생님들께 머리 숙여 감사함을 전하고 싶다. 마지막으로, 이 책의 출판을 허락하시고 적극적으로 도와주신 학지사 대표님과 직원분들에게도 진심으로 감사의 말씀을 전한다. 감사합니다.

2023년 1월
공동 저자 이은정

　　가끔씩 학교 특강의 강사로 학교 현장을 마주하게 될 때가 있다. 특강이 끝나고 선생님들과 인사 나눌 때마다 자주 들었던 이야기 중 "그림을 통해 몰랐던 학생들의 마음과 생각을 더 알게 되어 좋은 경험이었다"고 이야기해 주신 것, "우리도 이런 수업을 자주 더 해 보고 싶다" 등의 이야기들이 기억에 남는다. 학생들도 생각보다 그림을 그리고 작품을 만들며 나오는 심리적인 이야기와 생각들을 조금 더 잘 표현할 수 있어서 좋았다거나, 몰랐던 스스로를 마주하게 되어서 신기하고 재미있었다는 피드백들을 해 준다. 그럴 때에는 학교에서 특강으로 진행되었던 미술치료 시간을 좀 더 자주 했으면 좋겠다는 아쉬운 마음들을 뒤로하고 상담 현장에 돌아오곤 했다.

　　이은정 선생님께서 이번 책을 함께 작업해 보자고 제의해 주셨을 때, 이런 아쉬웠던 마음을 이 책이 채워 줄 수 있을 것이라는 기대감이 들었다. 『교사를 위한 미술치료−청소년 편』은 학교 현장에서 선생님들께서 실질적으로 적용하며 도움이 될 수 있는 미술치료 책이다. 이 책을 위해서는 학급 안에서 시기별로, 상황별로, 주제별로 적용해 볼 수 있는 다양한 프로그램들과 구체적인 설명들이 필요했고, 실제 상담 현장에서 진행되던 프로그램들이 학교 현장에서는 어떻게 더 잘 적용될 수 있을지 현실적인 고증이 필요했다. 실제 학교 현장들을 찾아가 프로그램을 진행하고 피드백을 받고 수정하고 발전시키는 과정을 함께 해 준 학생들과 배려해 주신 학교와 학부모님들께 모두 감사한 마음이다. 또한 이 책을 제의해 주신 이은정 선생님과 공동 저자로 불러 주신 김소울 박사님께 무한 감사의 마음을 전한다.

2023년 1월
공동 저자 최혜윤

프롤로그

교육은 백년지대계(百年之大計)라고 불린다. 먼 미래까지 내다보며 세워야 하는 큰 계획이 바로 교육이기 때문이다. 그렇기에 학교 현장에서 교사들은 끊임없이 연구하며 아이들과 함께 배움을 이어나간다. '배운다'는 것은 새로운 지식이나 교양, 기술 등을 얻고 익힌다는 뜻을 가지고 있지만, 광의의 의미에서는 행동이나 태도를 본받는 의미까지도 포함하고 있다.

이와 유사하게 교사는 협의로는 지식 전달자라 여겨지기도 하지만, 더 넓게 본다면 교사는 마음의 촉진자라 여겨지기도 한다. 이 책의 공동 저자 이은정은 심리학 수업을 진행할 때마다 아이들과 집단미술치료 프로그램을 2~3시간 운영 중이다. 그림에 대한 피드백들에 아이들은 신기해하고, 누군가가 힘들어했던 마음을 알아줘서 큰 도움을 받았다고 이야기한다. 뿐만 아니라 함께 프로그램에 참여한 친구들의 응원도 큰 위로가 되었다는 후기를 전달받곤 한다. 이은정(2021)은 「고등학교 교양 심리학 수업 실행연구」에서 집단미술치료 프로그램을 접한 학생들이 자신에 대한 이해도가 향상되었고, 또래 대인관계 기술 및 삶의 방향성 확립에 도움을 받았다고 밝혔다.

학교 현장에서 사용하기 좋은 프로그램으로 추천되고 있는 프로그램 중 하나로 '인생 그래프'가 있다. '인생 그래프' 프로그램은 최

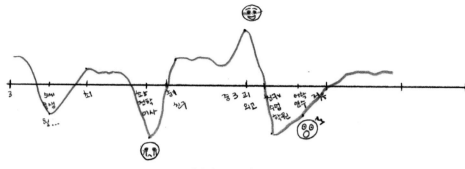

〈인생 그래프〉 예시

초의 기억부터 현재 사이에서 자신에게 중요했던 사건들을 표시하고, 이것들이 플러스 감정인지 마이너스 감정인지를 체크해 보는 것이다. 그리고 그 정도에 따라 위치를 정하고 이 점들을 이어 그래프로 그린다.

이 프로그램을 통해 아이들은 과거의 경험에 대한 지금의 감정을 확인해 보고 지금 현재의 활동이 미래에 어떤 영향을 끼칠 수 있을지를 예견해 본다. 프로그램에 참여한 아이들은 스스로의 삶에 대한 방향이 명확해졌다고 이야기하곤 한다. 학교 현장은 배움의 장일 뿐 아니라 마음을 나누는 장이기에, 아이들과 함께 만들어 가는 수업시간의 어느 부분에서 마음을 이야기해 보는 시간이 더 많이 만들어졌으면 좋겠다는 것이 저자들의 생각이다.

교사들은 아이들과 함께 울고 웃는 사람들이다. 때로는 함께 고민하고 아파하고, 또 때로는 기쁨을 함께 한다. 교직을 천직으로 생각하며 매일 아침 아이들을 기다리는 것이 교사들이다. 때로는 교사－학생의 관계 안에서 상처받기도 하고, 또 때로는 아이들의 성장을 통해 상처를 치유받기도 하는 것이 교사들이다. 교사들끼리 대화를 하면 대화의 중심은 늘 아이들이다. 교사의 삶 속에는 아이들이 늘 존재하기에, 변화의 방향과 속도를 예측하기 어려운 불확실한 미래 사회를 살아갈 아이들에게 교육자로서 아이들의 성장을 위해 할 수 있는 것이 무엇인지를 고민하게 되는 것이다.

아이들의 마음 성장을 위해

　우리나라 교육과정은 그 방향성이 조금씩 바뀌고는 있지만, 최근의 내용을 살펴보면 미래 사회 요구 역량, 성장, 상호 협조, 혁신 등의 단어를 쉽사리 찾아볼 수 있다. 교육과정에서 대한민국의 교육이 요구하는 방향이 제시되고 있는 것이다. 그렇다면 미래 사회의 요구 역량이란 무엇일까?

　미래 사회는 기후 환경 변화와 인구 감소, 다양하고 방대한 정보의 홍수와 AI 인공지능의 발전, 신생 전염병과 같은 위기 상황 등에 노출되어 있을 것으로 예측된다. 이러한 불확실하고 급변하는 미래 사회에서 학생들은 변화에 적극적이고 융통성 있게 대응하는 역량을 함양해야 할 것이다. 또한 따뜻한 마음과 창의성을 갖춘 주체성 있는 학생이 되기 위해 자신의 삶에 자율성을 지니는 성장 방향이 무엇보다도 중요할 것이다.

　2022 개정 교육과정에서는 '학습자 주도성'의 개념을 정의 내리고 있다. 학습자가 주도적으로 자신의 삶이나 학습 방향을 설계하고 구성하는 능력으로, 아이들이 미래 사회 변화의 주체가 될 수 있도록 교육하는 것을 강조하고 있다.

　미래 사회의 요구 역량과 학습자 주도성, 주체성 있는 학생으로의 성장을 위해 다루어야 할 교육의 핵심 아이디어는 결국 '마음'과 '인성'일 것이다. 그렇기 때문에 교사들은 학생과 학생 간의 관계에서의 갈등을 교육적으로 지도하고자 한다. 비폭력 대화, 회복적 생활교육, 그리고 또래상담자 교육 등은 학생의 마음과 인성을 고려한 교육지도 방법 중의 하나이다. 아이들은 자신의 마음을 안전하고 명확하게 전달하는 방법을 배우고, 친구들의 마음을 공감적으로 들을 수 있는 방법을 익히며 관계의 질을 향상시켜 나갈 수 있다. 또한 상호 협조를 통해 관계 속의 자신을 알아가고 이를 통해 사회·문화적으로 성장해 갈 수 있다.

　이러한 교육적 패러다임의 발전을 위해 필요한 것은 무엇보다도 혁신이다. 늘 학생을 걱정하고 생각하는 교사의 마음은 교실과 수업에서부터 시작된다고 해도 과언이 아니다. 아마 이 책을 선택한 독자 역시 아이들을 위하는 마음으로 특색 있는 수업

의 가치를 고민하고 있을 가능성이 높을 것이다. 즉, 교육의 혁신은 교사의 학생 중심, 성장 중심의 고민이 실현되는 교실에서부터 시작되는 것이다. 교사들은 자신이 가르치는 아이들이 미래 사회의 주역이 되고 민주시민으로 성장하길 바랄 것이다.

이 책은 이러한 교사들의 마음이 아이들에게 더 잘 전달되기를 바라는 소명감으로 시작되었다. 연초가 되면 교사들은 올해 만나는 아이들은 어떠할지 궁금해하며 다양한 교수 학습 방법에 대해 고민하며 수업 연구를 한다. 담임교사라면 학급경영에 대한 고민도 함께 이어 갈 것이다. 전문적으로 상담 수련을 받은 전문상담교사나 상담 공부를 시작한 교과교사라면 이 책을 통해 학교상담의 특수성과 전문성에 미술치료 프로그램을 더 깊이 있게 접목할 수 있을 것이다.

학년 초는 새로운 학생과 교사들이 만나 라포를 형성하고 1년을 준비하는 시기이다. 무엇부터 시작해야 할지 막막한 교사에게는 미술치료는 미술이라는 매체를 통해 서로의 이야기를 듣고 소통하는 기회를 만들어 주어, 좀 더 풍성한 학생-학생, 그리고 학생-교사관계를 형성하는 데에 도움을 줄 수 있을 것이다.

시기별, 주제별 아이들과 미술치료

학기 초는 학급 규칙이나 학생 개개인의 동기나 목표를 설정해 볼 수 있는 시기이기도 하다. 예를 들어, 학급 규칙이나 수업시간 에티켓을 만드는 작업은 집단의 소속감과 책임감을 함양할 수 있는 기회가 될 수도 있다.

학기 말은 한 학기 동안의 성과를 정리하거나 새로운 각오를 생각해 볼 수 있는 시기이다. 이번 학기에 새롭게 배우고 알게 된 교과목의 내용들을 그림이나 색깔로 표현해 보는 활동을 통해 학생들이 수업시간에 느끼며 성장한 것을 마무리해 보는 기회도 될 수 있다.

학년 말은 1년 동안의 학교생활 혹은 학생 개개인의 목표 달성 정도를 정리하는 시기이다. 예를 들어, 다양한 미술 매체를 준비하고 배경 음악과 함께 학생 개개인이 스스로에게 집중하며 1년간 자신의 학교생활을 도화지에 마음껏 표현해 보게 할

수 있다. 지금 현재 자신이 느끼는 마음을 표현해도 좋다. 시험에 대한 불안이나 긴장감을 가지고 있을 아이들을 위해 손에 잡히는 종이 한 장과 필기도구를 활용해 아이들의 마음을 표현해 보게 함으로써 심리적 어려움을 해소하는 데 도움을 줄 수도 있다. 감정을 표현하는 그 자체만으로도 아이들은 스스로 마음을 정화할 수 있는 기회를 만날 수 있기 때문이다. 또한 자신의 꿈을 표현해 보는 활동을 통해 희미해져 가는 학업의 동기를 되살릴 수도 있다.

학교 폭력이나 친구 간의 관계에 대한 어려움, 시험 결과에 대한 우울이나 미래에 대한 불안, 가족문제, 인터넷 스마트폰 사용습관에 대한 어려움 등이 드러난다면 담임시간이나 방과 후 개인상담 시간에 미술치료 매체를 활용해 볼 수도 있다. 미술 매체는 학생상담 시 보다 손쉽게 상담할 수 있게 도와줄 것이다. 학생들이 언어로 표현하기 힘들거나 표현할 수 없는 마음의 여정 역시 미술 매체를 통해 표현해 낼 수 있다. 이를 통해 학생들은 호소문제를 명료화할 수 있으며 대처 전략을 분석하고 새로운 대안을 탐색해 볼 수 있을 것이다. 또한 교사들은 미술 매체에 나타난 상징을 통해 아이들 마음을 따라가며 상담에 대한 심리적 부담을 주지 않고 마음 치유를 도울 수도 있다. 예를 들어, 동물가족화를 통해 학생들이 생각하는 가족의 이미지를 탐색하고 이를 관계 개선을 위해 활용할 수도 있다. 또한 교우도를 통해 자신의 친구관계를 알아볼 수도 있을 것이다.

감염병의 전파로 인한 거리두기 상황이나 주말, 방학 기간 등 학생과 대면 접촉이 어려운 상황을 고려하여 비대면 미술 매체 활용 상담에 대한 파트도 구성하였다. 실시간 쌍방향 소통을 통해 비동시적 의사 교류라는 사이버상담의 한계도 극복하고, 다양한 온라인 툴을 활용하여 학생들의 작품을 한 화면에 구현하는 방법도 소개하고 있다.

이 책은 학생들의 전인적 발전을 돕는 수업을 고민하는 교사들을 생각하며 그 답을 함께 찾아보고자 한다. 다른 사람에게 인정받고자 목말라 있는 아이, 학급 구성원으로 소속감을 느끼지 못하는 아이, 늘 혼자 있으며 외로움을 감싸고 있는 아이, 인터넷 스마트폰 사용습관이나 기초생활습관이 잡히지 않은 아이, 학교 폭력으로 힘들어하는 아이, 성적 향상이나 진로 결정으로 고민하는 등의 아이들부터 '학교생

활이 즐거워요'라고 표현할 수 있는 아이까지 학교 현장에서 만날 수 있는 일곱 빛 깔 다양한 색감의 아이들을 생각하며 집필하였다. 많은 아이들이 미술 매체라는 공통점을 가지고 마음을 느끼고 표현하는 활동을 통해 전인적 성장을 이루는 데 도움이 되기를 바란다. 또한 수업과 학급경영에 있어서의 교사의 목마름이 해소되기를 바라본다. 이를 위해 학교 현장에서의 미술치료 적용 사례와 플로리다마음연구소의 임상 미술치료 사례를 바탕으로 교사들이 수업시간에 활용할 수 있는 다양한 미술치료 프로그램을 개발했다. 또한 단순 사례집의 성격을 벗어나 교사들이 수업에 실제 적용할 수 있도록 구성하였다.

어떻게 활용할 것인가

본문에 들어가기에 앞서, 이 책의 특징을 이해한다면 책을 활용하기가 더 쉬울 것이다.

1. 파트별 구성

이 책은 5개의 파트로 구성되어 있다.

첫째, Part 1에서는 학교생활의 시간 순서를 따라 구성하여 교사들이 학년 초, 학기 초, 학기 말, 학년 말에 초점을 두어 활용할 수 있도록 한다.

둘째, Part 2에서는 5가지 핵심 정서를 중심으로 각 정서를 활용한 프로그램을 제시한다.

셋째, Part 3에서는 미술치료 프로그램을 주제별로 구성하여 교사들이 특성 이슈에 따라 활용할 수 있도록 한다.

넷째, Part 4에서는 급변하는 상황에 대한 대응을 고려한 비대면 미술치료 방식을 포함하여 다양한 유형의 미술치료 형태를 설명한다.

다섯째, Part 5에서는 미술치료에서 사용되는 재료들을 소개한다. 본 책에서는 각 프로그램마다 사용될 재료들이 소개되고 있으나, 학교 환경에 따라 유동적으로 다

르게 사용될 수 있다.

2. 모듈식 구성

이 책에서는 내용 요소를 모듈식으로 구성하여 교사들이 교육과정 재구성을 통해 미술 매체를 활용한 프로그램을 수업에 부분적으로 활용할 수 있도록 하였다.

3. 수업 재료 제공

〈부록〉에서는 학교 현장에서 활용 가능한 도안을 제시하여 교사들이 미술치료 기법을 활용하여 수업이나 학급경영을 보다 손쉽고 풍부하게 만들 수 있도록 하였다. 도안의 확대 복사가 가능하도록 하여 도안을 수업시간이나 학급경영에 활용할 수 있도록 하였다. A4 용지에 도안을 130% 확대 복사해서 사용해도 괜찮으나 더 큰 도안이 필요한 경우에는 A3, 혹은 B4 용지에 140% 확대 복사하는 것도 추천한다.

4. 그림 자료 제시

매 프로그램마다 실제 학교에서의 수업 사례를 그림 자료로 다양하게 제시하여 교사들이 수업시간이나 학급경영에 적용할 때 가이드라인으로 참고할 수 있도록 하였다.

5. 학생들의 학령기를 고려한 구성

초·중·고등학교 발달 단계에서 학교생활 중 나타날 수 있는 이슈들을 중심으로 학생 발달 단계를 고려한 미술치료 프로그램 및 기법을 제시하였다.

6. 정서 발달 단계 영역

각 프로그램은 학생들이 스스로 자신의 감정 상태를 인식하는 정서 인식, 학생들 스스로 자신의 감정을 통제할 수 있는 정서 조절, 학생들이 자신이 전달하고자 하는 감정을 표현할 수 있는 정서 표현, 학생-교사, 학생-부모 또는 교우 간의 감정을

공감하고 수용할 수 있는 공감적 이해, 정서 표현을 대인관계 능력 함양으로 발전시켜 적용할 수 있는 정서 활용을 목표로 개발되었다.

7. 교육과정 총론 핵심 역량 제시

이 책에서는 『2015 교육과정 총론』 핵심 역량과 『2022 개정 교육과정 총론(안)』에서 요구하는 핵심 역량을 미술치료 프로그램마다 제시하여 교사들이 각 교과 및 창의적 체험활동 시간에 연계하여 기대되는 능력을 구체화할 수 있도록 구성하였다. 『2015 교육과정 총론』 핵심 역량에서 제시한 역량으로는 의사소통 역량, 지식정보 처리 역량, 창의적 사고 역량, 심미적 감성 역량, 공동체 역량, 자기관리 역량이 있다. 2015 교육과정에서의 '의사소통 역량'은 2022 개정 교육과정에서 '협력적 소통 역량'으로 변경하여 제시되었다.

이 책의 구체적인 내용은 『2022 개정 교육과정 총론』(교육부, 2021)에서 제시한

2015 및 2022 개정 교육과정 총론	
핵심 역량	**의미**
의사소통 역량(2015) 협력적 소통(2022)	다양한 상황에서 자신의 생각과 감정을 효과적으로 표현하고 다른 사람의 의견을 경청하며 존중하는 역량
지식정보 처리 역량	문제를 합리적으로 해결하기 위하여 다양한 영역의 지식과 정보를 처리하고 활용할 수 있는 역량
창의적 사고 역량	폭넓은 기초 지식을 바탕으로 다양한 전문 분야의 지식, 기술, 경험을 융합적으로 활용하여 새로운 것을 창출하는 역량
심미적 감성 역량	인간에 대한 공감적 이해와 문화적 감수성을 바탕으로 삶의 의미와 가치를 발견하고 향유하는 역량
공동체 역량	지역·국가·세계 공동체의 구성원에게 요구되는 가치와 태도를 가지고 공동체 발전에 적극적으로 참여하는 역량
자기관리 역량	자아정체성과 자신감을 가지고 자신의 삶과 진로에 필요한 기초 능력과 자질을 갖추어 자기 주도적으로 살아갈 수 있는 역량

출처: 한국교육과정평가원(2017). 2015 개정 교육과정에 따른 고등학교 미술과 평가기준 개발 연구, pp. 9-10.
교육부(2021). 『2022 개정 교육과정 총론』 재구성.

'현장 수용성 높은 교육과정에 대한 요구를 돕는 프로그램'이 중심이 되어 구축되었다. 즉, 학습자의 특성과 적성 그리고 진로에 맞는 맞춤형 교육을 위한 교육과정의 보조 도구로 미술치료 프로그램을 활용하도록 구성되었다. 2022 개정 교육과정에서는 주도성 및 공동체 의식 함양 필요를 목표로 삶과 연계한 역량 교육 강화를 개정 방향으로 도출하고 있다. 또한 초등 교육과정에서는 개선안에서 창의적 체험활동 시간을 활용하여 심리 · 정서적 교육을 강화하고자 하는 방향성을 제시한다.

진행 시 유의 사항

이 책은 교사들이 교육과정과 연계하여 학생들이 심리 · 정서적 영역을 발달시키는 것을 목적으로 한다. 교사들의 진단이나 평가가 아니라 학생들이 충분히 마음을 표현하고 치유의 기회를 제공해 주는 것이 중요하다. 그렇기에 그림을 잘 그리고 못 그리는 실력은 중요한 것이 아니다. 사전에 이를 공지하더라도 많은 학생들에게 그림은 평가의 대상이라는 생각이 굳게 자리 잡고 있어 작업 도중에도 실력을 판단하는 시간이 아님을 강조하기를 추천한다.

아이들이 그린 그림과 자신을 표현한 글에는 정답이 없다. 교사의 주관적 잣대로 아이의 마음을 옳고 그르다고 평가하지 않도록 주의해야 할 것이다. 또한 학생들에게 본인들이 학급 내에서 공유할 수 있는 만큼 표현해도 된다는 것을 설명하고, 자신이 감당할 수 있는 만큼만 모둠 내에서 공유해야 할 것이다.

모둠 내에서 작품을 공유할 때에는 다음의 규칙을 반드시 준수할 수 있도록 한다.

① 미술치료 시간 내에 공유된 정보는 그 안에서만 다루어지며, 외부로 유출하지 않는다.
② 모둠원이 그림과 마음을 공유할 때, 비난 및 평가하지 않고 존중하며 경청하는 자세를 가진다.
③ 자신이 불편하지 않은 선에서 적극적으로 마음을 표현한다.

차
례

Part 2. 핵심 정서 마주하기

Part 3. 주제별 프로그램

Part 4. 유형별 프로그램

Part 5. 미술 매체

〈부록〉 도안

Part **1**

시기별 프로그램

첫 번째 Part에서는 미술치료 프로그램을 학교운영 시기별로 구성하여 교사들이 시의적절하고 간단하게 수업 보조 자료로 사용할 수 있도록 하였다. 또한 도안을 첨부하여 손쉽게 수업에 활용할 수 있도록 구성하였다.

학년 초

학년 초는 새로운 학생과 교사들이 만나 라포를 형성하고 1년을 준비하는 시기이다. 아이들을 맞이하며 앞으로의 1년에 대한 기대감과 설렘을 미술치료 집단 프로그램을 통해 표현해 볼 수 있다. 무엇부터 시작해야 할지 막막한 교사에게는 미술이라는 통로가 서로의 이야기를 듣고 소통하는 기회를 만들어 줄 것이다. 혁신적이고 새로운 것을 시도해 보고 싶은 교사의 경우, 그동안의 학급경영이나 수업의 노하우가 미술치료라는 매체에 녹아 좀 더 풍성한 학생-학생관계, 그리고 학생-교사관계를 형성할 수 있을 것이다.

제목	타임캡슐		
목표	◆ 학생들이 스스로 가까운 미래의 자신에 대한 계획을 세워 보고 이를 시각화할 수 있다. ◆ 시간이 지난 후, 타임캡슐 안에 들어 있는 자신의 목표를 다시 확인해 봄으로써 다음 해의 목표를 구체적으로 설정할 수 있다.		
영역	정서인식 영역 정서표현 영역	핵심 역량	심미적 감성 역량 자기관리 역량
재료	투명한 소형 통, 끈, 네임태그, 색지, 펜, 스티커 색종이, 가위		
도입	1. 타임캡슐 시간 지정 특정 시간이 될 때까지(예: 이번 학기가 끝날 때까지, 방학이 끝날 때까지, 올해 말까지) 자신이 이루고 싶은 성취 목록이나 계획을 생각해 보도록 한다. 타임캡슐 시간은 교실에서 함께 공동으로 결정하는 것이 좋은데, 타임캡슐 시간을 결정할 때에 교사의 의견보다는 아이들의 의견을 종합하여 다수결 등으로 정해서 진행하도록 한다. 타임캡슐 기간이 종료되면 다 함께 열어 보고 자신이 적은 것을 확인할 것이라 알려 준다.		

전개	**2. 소망 및 계획 적기** 제공된 작은 색지에 자신의 계획과 소망을 적도록 한다. 색지는 펜으로 자유롭게 꾸밀 수 있으며 한 학생당 3~5개 정도를 적도록 한다. 계획은 구체적일수록 좋다. 예를 들어, '성적 올리기'보다는 '수학 기말고사에서 90점 넘기', '다이어트'보다는 '3kg 감량'을 추천한다. **3. 소망 담기** 색지를 돌돌 말아 끈으로 묶고 투명한 소형 통 안에 넣도록 한다. 이때 색지를 말고 끈으로 바로 묶는 것이 어려운 경우 투명 테이프로 먼저 붙인 후 실로 묶도록 한다. 실로 묶는 작업은 포장과도 같은 은유적 행위로, 자신의 소망과 계획을 단순하게 적는 것이 아닌 소중하고 가치 있게 만드는 작업이다. **3. 타임캡슐 꾸미기** 스티커 색종이를 잘라 소형 통을 자유롭게 꾸미도록 한다. 스티커 색종이는 일반 색종이를 풀로 붙이는 것보다 유리 및 플라스틱에 접착이 쉽다. 타임캡슐은 소망과 계획을 담는 중요한 컨테이너임을 설명하고, 타임캡슐이 교실의 앞(혹은 구조에 따라 뒷면)에 개봉하는 날까지 걸려 있을 것을 알리며 자신을 잘 드러낼 수 있는 모습으로 꾸미도록 한다. **4. 이름 붙이기** 네임태그를 끈으로 소형통의 목에 묶고, 타임캡슐의 이름을 네임태그에 걸도록 한다. 타임캡슐의 이름은 '○○○의 ○○○'과 같이 자신의 이름이 들어가도록 한다.
정리	**5. 타임캡슐 개봉** 앞서 정해 놓은 특정 시간에 도래했을 때 학생들이 자신의 타임캡슐을 열어 본 후 어떤 변화가 있었는지, 계획했던 것 중 잘 이루어진 것이 있는지 등에 대해 확인하는 시간을 가진다.
참고 사항	✎ 교실에서 진행될 경우 4~5명씩 모둠을 이루어 타임캡슐에 어떤 소망과 계획을 적었는지 순서대로 읽은 후 포장하여 넣는 것을 추천한다. ✎ 개인상담으로 진행될 경우 특정 소망을 적은 이유, 그 목표가 학생에게 특히 중요하게 된 계기, 타임캡슐의 이름의 뜻, 타임캡슐의 외관에 대한 설명 등을 질문하여 학생의 현재 소망을 통해 결핍된 부분에 대해서도 함께 다룰 수 있도록 한다.

〈타임캡슐〉 예시 1

〈타임캡슐〉 예시 2

학기 초 학생들이 각자의 소망이나 계획을 메모지에 적어 원하는 콜라주 재료와 함께 타임캡슐에 담는 작업을 진행했다. 작품은 1년 동안 교실 뒤편에 전시되어 전시 기간 동안 학생들에게 지속적으로 동기부여를 해 주었고, 학년 말 다 함께 열어 보아 현재의 자신이 학기 초의 소망에 얼마나 가까워졌는지를 확인했다.

제목	**나를 소개합니다**
목표	◆ 학생들의 대답들과 그림 속에 나타난 상징적인 것들에 대해서 함께 나누어 봄으로써 자기인식을 강화할 수 있다. ◆ 자신의 목표를 구체화하며 스스로에게 필요한 것을 확인하는 과정을 통해 학기 초 동기부여를 할 수 있다.

영역	정서인식 영역 정서표현 영역 정서활용 영역	핵심 역량	공동체 역량 자기관리 역량

재료	도화지, 오일파스텔 또는 색연필
도입	1. 네 개의 칸 준비 도화지를 가로로 한번 세로로 한 번 접었다 펼친다. 펼쳐진 도화지에는 총 네 개의 칸이 준비될 것이다. 각각의 칸에 다음 질문을 넣는다. −나는 ○○입니다. −나는 ○○이 아닙니다. −나는 ○○을 소망합니다. −나는 ○○이었습니다.
전개	2. 나는 이렇습니다 위의 네 가지 질문에 대한 대답을 한 개의 칸 속에 각각 그려 넣는다.
정리	3. 소개하기 모둠원끼리 대답을 공유하고 그림 속에 나타난 상징성들에 대해서 함께 이야기를 나누어 본다. 네 가지 중에서 어떤 것이 가장 어렵고 막막했는지 혹은 어떤 이유로 이런 대답을 했는지 구체적으로 서로 질문하고 대답할 수 있도록 한다.
참고 사항	✎ 교실에서 진행될 경우 4~5명씩 모둠으로 진행한다. ✎ 개인상담으로 진행될 경우 3번의 과정을 교사가 학생에게 질문하고 대답을 듣는 역할을 한다. ✎ 이 활동은 나오는 대답이 특정 대상 혹은 직업이 나올 수도 있고 성격이나 특징이 대답으로 나올 수도 있다. 어떤 경우도 정답은 없으며, 대답에 대한 이유를 자세히 설명해 보고 구체화시켜 보는 것이 중요한 과정이다.

〈나를 소개합니다〉 예시

자신의 다양한 욕구와 소망이 있다는 것을 무지개라는 상징으로 표현하고, 힘든 일이 있을 때 좌절하고 싶지 않은 마음을 '좌절 금지'로 표현했다. 교사가 되고 싶은 장래희망을 교사의 모습과 책 그림으로 표현하였으며 화를 참지 못하고 표현하는 자신의 모습과, 열정이 가득한 자신의 모습, 두 가지의 상징적인 의미를 담아 불의 이미지로 표현했다.

학기 초

학기 초는 수업시간의 에티켓이나 이번 학기 과목의 목표를 설정할 수 있는 적기이다. 담임 교사 입장에서는 학급규칙이나 학생 개개인의 동기나 목표를 설정해 볼 수 있는 시기이기도 하다. 공동 작업을 통해 학급 규칙이나 수업시간 에티켓을 만드는 작업은 학급의 소속감과 책임감을 함양할 수 있는 기회가 될 것이다.

지필평가 전후 시험에 대한 불안이나 긴장감을 가지고 있을 아이들의 경우, 손에 잡히는 종이 한 장과 필기도구를 활용해 자신의 마음을 표현해 봄으로써 심리적 어려움을 해소할 수 있다. 교사들은 무엇인가 아이들을 위해 조언과 지도를 해야 한다는 부담에서 벗어나도 괜찮다. 감정을 표현하는 그 자체만으로도 아이들은 스스로 마음을 정화할 수 있는 기회가 될 수 있기 때문이다. 또한 자신의 꿈을 표현해 보는 활동은 희미해져 가는 학업의 동기를 되살릴 수도 있을 것이다.

제목	나의 감정은 무슨 색일까		
목표	◆ 학기 초 설렘, 기대감 등 자신의 기분과 상황을 색을 통해 인식하고 언어로 표현할 수 있다. ◆ 서로 대화하고 알아가는 시간을 가지고 색을 통해 자신의 감정을 표현하는 방법을 배울 수 있다.		
영역	정서인식 영역 정서표현 영역	핵심 역량	의사소통 역량(협력적 소통 역량) 심미적 감성 역량, 공동체 역량
재료	이름표 크기의 종이, 오일파스텔, 도화지, 양면 색종이, 풀		
도입	**1. 감정 이름표 만들기** 새 학기를 맞이한 기분을 떠올리고 하나의 감정 단어를 선택한다. 선택한 감정 단어와 어울리는 색을 고르도록 한다. 이때 고르는 색은 주관적이기 때문에 정답은 없고 스스로 그 감정과 어울리는 색을 자유롭게 고를 수 있도록 한다. 고른 색과 자신의 이름을 조합하여 이름표 크기의 종이에 적어 감정 이름표를 만든다. 예를 들어, 파란 ○○○, 분홍색 ○○○, 회색 ○○○ 등.		
전개	**2. 감정 이름표로 서로 소개하기** 완성된 감정 이름표를 들어서 서로에게 보여 주고 소개한다. 이름 앞에 붙인 색이 어떤 기분을 대표하는지 소개하고 최근 자신의 주된 기분에 대해서 이야기한다. 돌아가면서 소개하고 "분홍색 ○○○ 반갑습니다."라고 이야기하고 박수 치면서 순서를 돌아간다. **3. 요즘 나의 감정들** 준비된 도화지 중심에 오일파스텔로 큰 원을 그린다. 큰 원을 그리는 색은 자유롭게 선택할 수 있도록 한다. 그려진 큰 원이 나의 마음이라고 생각하고 최근 자신의 마음 안에 있는 다양한 감정들을 원 안에 표현해 본다. 표현 방법은 준비된 양면 색종이를 자유롭게 찢어서 붙이는 것을 추천한다. 앞에서 했던 것처럼, 자신의 마음속 감정들과 색종이의 색을 연결해서 표현하도록 한다.		

정리	4. 내 마음속 감정 소개 완성된 마음의 모습을 돌아가면서 이야기 한다. 어떤 감정들이 얼마만큼 들어 있는지, 어떤 모양으로 들어 있는지 이야기하고, 그 감정은 어떤 상황에서 온 감정들인지 연결해서 이야기한다.
참고 사항	✎ 교실에서 진행될 경우 4~5명씩 모둠으로 진행한다. 처음 감정 이름표로 자신들을 소개할 때 "**색 ○○○ 반갑습니다."라고 이야기하고 박수 치면서 돌아가는 것을 모둠 규칙으로 정해 주고 소개하며 돌아갈 수 있도록 한다. 같은 색을 고른 학생들이 한 모둠 안에 있다면 같은 색이지만 다르게 감정이 연결되어 있는지 확인시켜 주고, 감정을 느끼고 표현하는 것이 주관적인 요소임을 다시 한번 상기시킨다. 예를 들어, 화라는 감정은 꼭 빨간색일 필요도, 설렘이라는 감정이 꼭 핑크색일 이유도 없다. 각자 마음속 감정들을 색종이 색으로 표현할 때, 어려워하는 학생이 있다면 분노, 기쁨, 우울, 슬픔, 행복 등의 감정 예시를 들어준다. 마음속에 감정들이 꼭 여러 개는 아니어도 괜찮지만, 최소한 두 개 이상의 감정을 탐색해 볼 수 있도록 격려한다. ✎ 개인상담으로 진행될 경우 교사도 함께 감정 이름표를 만들어서 교사의 감정도 학생과 공감하며 감정 소개로 시작하는 것을 추천한다.

〈나의 감정은 무슨 색일까〉 예시

화려한 듯하나 묵묵히 자신의 일을 하는 담백함과 자신의 기분을 보라색으로 표현하였다. 보라색이 중간에 덜 이어진 것은 아직까지는 미완성이지만 완성을 향해 가고 있다는 의미를 담았다.

제목	**요즘의 나**		
목표	◆ 최근 자신의 모습을 스스로 탐색하고 인식하여 자신의 감정을 구체화할 수 있다. ◆ 스스로를 정의 내리고 시각화함으로써 자신이 변화하고 싶은 모습을 다른 사람에게 전달할 수 있다.		
영역	정서인식 영역 정서조절 영역	핵심 역량	심미적 감성 역량 자기관리 역량
재료	〈형용사 목록〉 도안(도안 1), 도화지, 연필, 지우개, 색연필, 오일파스텔		
도입	**1. 형용사 찾기** 도안에 나열된 형용사들을 살펴보고 지금의 나를 표현해 줄 수 있는 형용사들을 골라서 동그라미 친다. 최소한 세 개 이상의 형용사들을 고를 수 있도록 한다.		
전개	**2. 형용사들을 이용해 글쓰기** 1번에서 고른 형용사들을 조합해서 '지금의 나'라는 짧은 글을 적어 본다. 위에서 고른 형용사들 이외에 다른 형용사들이 추가되어도 좋다. 길이는 서너 문장 정도의 한 문단으로 완성할 수 있도록 한다. 글이 완성되면 돌아가면서 읽어 본다. **3. 나의 모습** 완성된 '지금의 나'를 이미지로 표현해 본다. 준비된 재료들을 이용하여 자유롭게 표현할 수 있도록 한다. 꼭 사람의 외형 모습이 아니어도 좋다. 자신을 나타낼 수 있는 색이나 이미지 혹은 느낌들이라면 무엇이든 자유롭게 도화지에 표현할 수 있다. **4. 소개하기** 완성된 '지금의 나' 그림을 돌아가면서 소개한다. 지금의 나는 어떤 상태나 감정이고, 어떤 이미지나 색으로 어떻게 표현되었는지 설명해 볼 수 있도록 한다.		
정리	**5. 변하고 싶은 부분이 있다면 추가해서 그리기** 소개하고 나서 변하고 싶은 부분이 있는지 생각해 보도록 한다. 변하고 싶은 부분이나 지금 마음에 들지 않는 부분이 있다면 추가 수정해서 그려 넣을 수 있도록 한다. 변하고 싶은 부분이나 수정하고 싶은 부분 없이 지금의 모습이 마음에 든다면, 마음에 드는 지금의 모습을 더 강조해 줄 수 있도록 격려한다. **6. 다시 소개하기** 변화하고 수정된 나의 모습을 돌아가면서 소개하고 왜 변화하고 싶은지, 변화하고 수정된 나의 모습은 어떤 모습인지, 마음에 드는지 이야기해 본다.		

참고 사항	✎ 교실에서 진행될 경우 4~5명씩 모둠으로 진행한다. 2번의 짧은 글짓기 과정에서 5분 혹은 10분으로 글을 완성하는 시간을 미리 정해 줘서 너무 빨리 끝나거나 너무 오래 걸리지 않도록 조정할 수 있다. ✎ 개인상담으로 진행될 경우 소개하는 학생의 작업을 교사가 듣고 학생이 그 작업을 직접 보면서 소개하고 이야기할 수 있도록 한다.

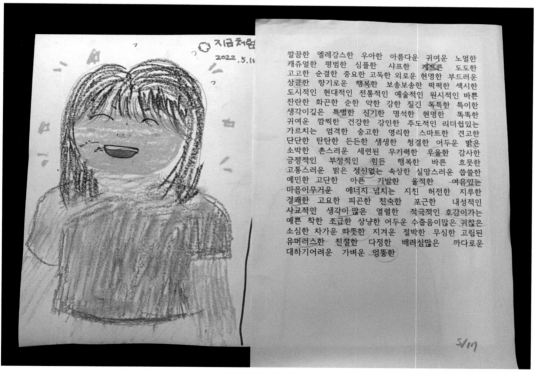

〈요즘의 나〉예시

형용사 리스트에서 자신을 표현하는 형용사는 자신이 좋아하는 색인 분홍색으로 표시했다. 스스로 느끼기에 좋다고 느껴지는 형용사도 있고, 좋지 않다고 느껴지는 형용사도 있다고 구분지어 표현했는데, 한 색으로 다 표시한 것은 어차피 둘 다 자신의 모습이기 때문이라고 설명했다. 고른 형용사들을 조합해서 자신의 자화상을 그려 보는 작업에서는 형용사들 중에서 최근의 자신에게 발견한 모습이자 스스로도 마음에 드는 형용사, '행복하고, 친절하고, 특별한' 자신의 모습을 그렸다. 특별함에 대한 질문에는, 사람은 누구나 특별한 존재라는 것을 최근에 배웠고, 그것이 자신을 행복하고 친절한 사람으로 만들었다고 이야기했다.

학기 말

학기 말은 한 학기 동안의 성과를 정리하거나 새로운 각오를 생각해 볼 수 있는 시기이다. 학기 초에 함께 만들어 놓은 작품이 있다면 이것을 활용해 자신의 목표가 어느 정도 달성되었는지를 확인해 볼 수도 있다. 제시된 프로그램 이외에도, 해당 학기에 배운 교과목의 내용들을 그림이나 색깔로 표현해 보는 활동을 통해 학생들이 수업시간에 느끼며 성장한 것을 마무리해 보는 기회도 될 수 있을 것이다.

제목	어제, 오늘, 내일		
목표	◆ 과거, 현재, 미래의 모습을 정리하고 시각화해 봄으로써 각 시기별 장점과 단점을 탐색할 수 있다. ◆ 과거의 자신이 지금에 어떤 영향을 미치고 있는지 확인하고 이를 통해 긍정적이고 구체적인 미래상을 표현해 봄으로써 현재의 동기부여와 미래에 대한 긍정적인 자세를 학습할 수 있다.		
영역	정서인식 영역 정서표현 영역 정서활용 영역	핵심 역량	창의적 사고 역량 자기관리 역량
재료	도화지, 색연필, 마커, 가위, 풀		
도입	1. 밑그림 준비하기 준비된 도화지를 접어 세 개의 면이 나오게 준비하고 세 개 중 첫 번째 면에는 어제, 두 번째 면에는 오늘, 세 번째 면에는 내일이라고 적고, 아래쪽에는 각각 장점, 단점이라고 적는다. 2. 어제, 오늘, 내일 생각해 보기 과거와 현재와 미래에 따른 나의 모습을 생각해 본다. 막연한 느낌이 아닌 구체적인 모습들을 떠올려 볼 수 있도록 한다. 예를 들어, 어떤 감정 상태인지, 어떤 목표가 있는지, 어떤 생각을 하는 사람인지, 어떤 취미를 가지고 있는지, 어떤 고민을 하고 있는지 등.		
전개	3. 작업하기 2번에서 생각한 모습대로 각각 어제, 오늘, 내일의 나의 모습을 꾸며 준다. 색연필 또는 마커로 그림을 그리거나 글자를 써서 자유롭게 꾸민다.		

정리	4. 장점과 단점 생각하기 완성된 각 모습 아래에 장점과 단점을 생각해 보고 적는다. 5. 나의 어제, 오늘, 내일 소개하기 작품이 완성되면 모둠에서 이야기한다. 작품을 만드는 동안 들었던 생각이나 떠올리기 어려웠던 부분이나 시기, 완성 후의 기분에 대해 자유롭게 이야기한다. 〈공통 질문〉 ―어떤 시기가 가장 떠올리거나 표현하기 어려웠나요? 그 이유는 무엇일까요? ―나의 과거와 현재와 미래는 각각 어떻게 연결되어 있나요?
참고 사항	✎ 교실에서 진행될 경우 4~5명씩 모둠으로 진행한다. 5번의 소개는 돌아가면서 하게 하고 공통 질문은 모둠원 모두가 생각하고 답해 볼 수 있도록 한다. ✎ 개인상담으로 진행될 경우 5번의 공통 질문을 교사가 학생에게 한다. ✎ 어제 오늘 내일의 모습을 추상적으로 그리기 어려워할 경우 사람 외형 도안을 제공해 줄 수도 있다. 사람 외형 도안을 3개씩 제공한 후 각 인물에 자신의 과거, 현재, 그리고 미래를 표현하도록 할 수 있다.

〈어제, 오늘, 내일〉 예시

자신의 과거를 씨앗과 새싹으로, 현재의 자신을 화분 속에 자라는 새싹으로 나타냈다. 미래에 자신이 원하는 이미지는 야생에서의 자유로운 꽃을 표현했다. 현재의 자신을 화분 속의 작은 새싹으로 표현하고 주변에 노란색을 칠해 준 것은 보호막을 표현했다고 한다. 미래의 자신을 표현하고 "야생화처럼 자유롭고 싶어요"라는 말로 작품을 마무리했다.

제목	**긍정적인 느낌들**		
목표	◆ 긍정적인 느낌을 쓰고, 공유하고, 그려 봄으로써 감정의 환기와 승화를 경험할 수 있다. ◆ 모둠을 이루어 함께 맞춰 작업하는 과정 중에 효과적인 의사소통과 서로를 배려하는 것의 가치를 경험하고, 모둠 안에서의 공감대와 동질감을 향상시킬 수 있다.		
영역	정서인식 영역 정서활용 영역	핵심 역량	의사소통 역량(협력적 소통) 공동체 역량
재료	노트, 펜, 마커, 도화지, 색연필		
도입	**1. 긍정적인 느낌 적기** '긍정적인 느낌'이라는 주제로 자신이 생각하는 긍정적인 느낌이라는 것은 무엇인지에 대해 각자의 노트에 단어 혹은 문장으로 빠르게 써내려 간다. 예를 들어, 행복, 좋은 것, 웃는 얼굴, 다른 이를 돕는 것, 나를 돕는 것, 폭신한 이불, 따스한 햇살, 진실한 것, 자유, 실수해도 괜찮아, 초코우유 등. **2. 긍정적인 느낌 공유하기** 각자 노트에 써내려 간 긍정적인 느낌을 돌아가며 발표한다.		
전개	**3. 긍정의 시 만들기** 각자 적은 긍정적인 느낌을 하나로 모아 도화지에 적어 하나의 시를 완성하도록 한다. 도화지에 대표자로 적을 사람을 정하고 시작한다. 각자의 내용을 상기해 보고 어떤 노트의 내용이 시의 앞부분에 들어갈지 어떤 순서로 시를 구성할지 상의한다. 그 과정 중에 문장의 형태를 바꾸거나, 추가 혹은 생략이 필요하다면 학생들끼리 상의 후에 완성할 수 있도록 한다. 이때 꼭 시처럼 운율을 맞추거나 시의 형식에 크게 얽매일 필요는 없다. **4. 긍정의 시 꾸미기** 긍정의 시가 완성되면 자유롭게 원하는 이미지를 그려 넣어 꾸며 준다. 이미지를 그려 넣고 꾸미는 것은 대표를 정해서 그리는 것이 아니라 각자가 원하는 시의 구절이나 단어를 강조할 수도 있고, 시를 적은 전체의 도화지에 어울리는 이미지를 배경처럼 그려 넣을 수도 있다.		
정리	**5. 긍정의 시 낭송하기** 완성된 시를 낭송한다. 모둠원이 다 같이 긍정의 시가 완성된 도화지를 들고 보여 준다. 긍정의 시 낭송은 대표자 한 명이 낭송해도 좋고, 각 파트를 정해서 낭송해도 좋다. 발표 전에 학생들끼리 상의하여 정할 수 있도록 한다. 낭송이 끝나면 도화지에 꾸며 넣은 이미지를 소개해 준다.		

	6. 공감과 피드백 긍정의 시 낭송과 소개가 끝나면 어떤 느낌이나 공감되는 부분이 있었는지 시낭송을 감상한 다른 모둠의 학생들에게 피드백을 들어 본다.
참고 사항	✎ 교실에서 진행될 경우 3~4명씩 모둠으로 진행한다. 2절지 도화지를 함께 써야 하므로 4명 이상은 추천하지 않는다. 5번의 긍정의 시 낭송하기는 숙제 발표의 분위기가 되지 않도록 도화지 드는 사람의 위치를 정하거나, 앞에 나오게 하지 않고 그 자리에서 일어나서 진행하도록 한다. 6번의 공감과 피드백은 다른 모둠의 학생들끼리 긍정적인 피드백을 서로 주고받을 수 있도록 격려해 준다. ✎ 개인상담으로 진행될 경우 도화지 크기는 4절로 바꿔서 진행한다. 학생이 적은 긍정적인 느낌 리스트를 감탄사를 넣거나 문장 변형을 통해 시를 만들게 하고 그에 맞는 이미지나 색으로 꾸미게 한다. 그리고 완성된 '긍정적인 느낌 시' 교사가 작품을 들고 학생이 그 작품을 보면서 시를 낭송할 수 있도록 한다. 6번의 공감과 피드백 부분 대신 스스로 느끼는 긍정적인 느낌과 그것을 모아 시로 만들고 그림으로 표현하고 낭송해 본 기분이 어떤지 질문하고, 프로그램 시작 전과 지금의 기분이 달라진 점이 있는지 질문해 본다.

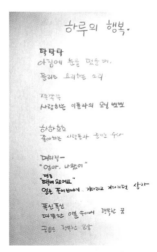

〈긍정적인 느낌들〉 예시

각자가 생각하는 긍정적인 느낌들을 모아 하루의 행복이라는 시를 만들어 하나의 작품으로 완성했다. 학생들은 서로가 생각하는 긍정적인 느낌을 조금씩 다르지만, 그 느낌을 공유하며 모두가 긍정적인 느낌을 느꼈다고 설명했다. "누군가에게는 내가 당연하게 느끼던 하루가 행복감을 주는지 알게 되었어요.", "하나의 작품으로 만드는 과정을 통해 서로에게 긍정적인 에너지를 주고받는 과정도 좋았어요."라는 피드백을 나누며 마무리되었다.

학년 말

　학년 말은 1년 동안의 학교생활 혹은 학생 개개인의 목표 달성 정도를 정리하는 시기이다. 교사들은 학생생활기록부 정리 등으로 바쁜 시기이기도 하며, 아이들은 이별에 대한 서운함이나 상급 학년에 대한 설렘 혹은 두려움 등을 가지는 시기이기도 하다. 그렇기 때문에 아이들에게 지난 1년을 정리할 시간을 할애하는 것은 의미 있다. 작업에 몰입할 수 있는 배경 음악을 함께 틀어 주는 것도 좋을 것이다. 학생 개개인이 스스로에게 집중하며 자신의 지나온 1년간의 학교생활을 도화지에 마음껏 표현할 수도 있고 지금 현재 자신이 느끼는 마음을 표현할 수도 있다.

제목	**축하의 칸**		
목표	◆ 학생의 삶 속에서 긍정적인 사건이나 특별한 순간들에 대해서 확인하고 축하하는 과정을 통해 자존감을 향상시킬 수 있다. ◆ 서로를 축하해 주고 축하 받는 경험을 통해 서로를 존중하는 법을 배우고 존중이 자존감에 미치는 영향을 경험해 볼 수 있다.		
영역	정서활용 영역	핵심 역량	지식정보 처리 역량 공동체 역량
재료	도화지, 색연필, 오일파스텔		
도입	1. 축하의 순간 한 해 동안 학급 안에서 있었던 특별한 순간이나 축하의 순간들을 나누어 본다.		
전개	2. 칸 나누기 준비된 도화지를 접거나 선을 그어서 총 아홉 개의 네모 칸을 만든다. 3. 나 아홉 개의 칸 중에 가장 중앙의 네모 칸에 학생 스스로를 그려 넣는다. 자신과 똑같이 그리는 사실적인 인물화가 아니어도 괜찮다. 자신을 상징하는 꽃과 같은 다른 이미지로 그려도 좋다.		

정리	**4. 기념하고 축하할 일들** 3번을 그린 가장 중앙의 칸에서 한 칸 오른쪽으로 넘어가서 다음 그림을 시작한다. 그동안의 삶을 돌아보고 기념하고 싶거나 축하하고 싶은 일들을 떠올려서 순서대로 각 칸에 그려 나간다. 4번 단계 시간은 총 20분에서 25분으로 하고 시간이 끝나 칸을 다 채우지 못해도 괜찮다. 빈칸은 앞으로 기념하고 축하할 일들로 채워 갈 수 있다. **5. 축하하기** 각 칸에 그려진 그림을 소개한다. 한 칸의 설명이 끝날 때마다 내용에 맞는 축하 멘트(축하해! 잘했어~ 대단하다~)를 서로 해 준다.
참고 사항	✎ 1번은 교사가 미리 학급 안 이벤트나 1년을 돌아볼 수 있는 자료를 준비한다. ✎ 교실에서 진행될 경우 5~6명씩 모둠으로 진행한다. ✎ 개인상담으로 진행될 경우 3번 과정을 10분 정도 더 길게 쓰고 4번의 과정은 교사가 학생에게 축하의 이야기를 해 준다.

〈축하의 칸〉 예시

가장 가운데에는 '1년 내내 했던 게임에서 승급이 아주 높아져 사람들에게 인정받은 것', 아래의 분홍색은 '나의 진짜 친구와 그렇지 않은 친구를 구별하는 능력이 생긴 것', 왼쪽의 소용돌이는 '스스로에 대해 혼란스러웠던 시기를 잘 이겨낸 것', 그 위의 불꽃은 '과거에 비해 욱하고 화를 내는 것이 줄어든 것', '그 위의 청록색 작업은 '내가 좋아하고 앞으로 하고 싶은 일이 무엇인지 막막했는데 조금은 스스로에 대해 알게 된 것', '분홍색 파도는 좋은 친구들을 만나 학교 다니는 즐거움을 알게 된 것', 빨간 선들은 '정리정돈이 안 되던 방을 스스로 정리하기 시작한 것', 동그라미들은 '다른 사람들과 사회생활을 하기 위한 여러 가지 방법들을 안 것', 마지막으로는 '키가 큰 것'을 그렸다.

제목	**1년**
목표	◆ 1년이라는 시간 동안 자신이 이룬 성취를 확인하고 이야기하는 시간을 통해 자존감을 향상 시킬 수 있다. ◆ 과거의 자신을 통해 현재와 미래의 자신의 가능성에 대해 생각함으로써 스스로에게 격려의 메시지를 전달할 수 있다.

영역	정서표현 영역 정서활용 영역	핵심 역량	창의적 사고 역량 자기관리 역량

재료	〈1년〉 도안(도안 2), 펜, 색연필

도입	**1. 성취** 성취라는 개념에 대해 각자 정의 내려 보고, 아주 작은 성취의 예시들을 이야기해 본다.

전개	**2. 1년 열두 달** 준비된 〈1년〉 도안을 나누어 준다. 이 프로그램을 실행할 때가 12월 이라면 1월부터 12월로 적고, 4월이라면 작년 5월부터 시작해서 4월까지 적는다. **3. 그 달의 성취** 각 월 옆에 그 달의 성취를 적는다. 성취는 아주 사소한 것부터 큰 것까지 여러 가지가 다양하게 있지만 스스로 생각하기에 그 달에 한 일들 중 가장 성취감을 느낀 일을 적을 수 있도록 한다. 시간이 오래된 달의 사건일수록 잘 기억이 나지 않을 수 있다. 도저히 기억나지 않는 달은 매일 반복적으로 하는 일 중에서 성취한 일을 적는다. 예시로는 결석하지 않고 학교에 잘 출석한 것, 하루 세끼를 잘 챙겨 먹은 것 등이 있다. **4. 완성된 1년 성취 그래프** 각 월별로 적힌 성취들을 쭉 다시 한번 보고 각 성취 옆에 별을 색칠해서 스스로의 성취감을 체크한다. 성취감이 가장 높았던 달은 별 다섯 개를 칠하고, 성취감이 낮았던 달은 별 개수를 줄여서 칠해 본다.

정리	**5. 성취감 뽐내기** 돌아가면서 자신의 성취 그래프를 소개한다. 가장 성취감이 높았던 달과 낮았던 달을 이야기하고 각 월별로 적은 성취감들은 무엇이고 그것을 선택한 이유가 무엇인지에 대해 이야기한다. **6. 생각하기** 5번에서 들은 다른 학생들의 성취감 그래프 이야기를 통해, 성취감을 느끼는 상황과 사건은 사람마다 다양하다는 것을 확인하고 생각해 본다.

	7. 편지 쓰기
	매달 많은 성취를 해 온 스스로에게 수고했고 고맙다는 내용의 짧은 편지를 적어 본다.
참고 사항	✎ 1번의 예시를 교사가 미리 준비해서 보여 주어도 좋다.
	✎ 교실에서 진행될 경우 4~5명씩 모둠으로 진행한다. 시간에 따라 6번의 과정은 생략해도 괜찮다.
	✎ 개인상담으로 진행될 경우 4번의 과정에서 학생의 성취감 이야기를 들을 때 중간중간 공감하고 칭찬해 준다. 5번의 과정은 교사가 다양한 성취의 경험들이나 예시들을 이야기해 준다.

〈1년〉

월	성취리스트	별점
1월	학원등록·출석	★★★☆☆
2월	할머니댁 방문	★★★★☆
3월	개학, 지각안함	★★☆☆☆
4월	롱보드 시작	★★★★★
5월	사촌동생이랑 놀아줌	★★☆☆☆
6월	경시대회 나감	★☆☆☆☆
7월	학원 안 빠짐	★★★★☆
8월	방청소	★☆☆☆☆
9월	기타 한곡 완주	★★★★★
10월	게임 1시간 규칙 지킨것	★★★★★
11월	친구한테 먼저 사과함	★★★☆☆
12월	생애 첫 헌혈	★★★★★

〈1년〉 예시

스스로가 매달 자신이 생각하는 성취가 무엇인지 정하는 과정을 어려워했다. 아주 작은 사소한 예시들을 듣고 스스로가 생각하는 성취가 무엇인지 정하는 것과 그 이후에 스스로 성취감에 따라 별을 칠하는 과정도 기준을 스스로 정해야 한다는 부담감을 느끼기도 했다. 참여 학생들은 완성 후 친구들의 이야기를 들으면서 개개인이 느끼는 성취와 성취감을 느끼게 하는 요소와 기준이 다양하다는 것을 확인했다고 설명했다.

제목	**나에게 주는 상장**		
목표	◆ 한 학년을 돌아보고 변화를 확인함으로써, 스스로의 성취를 강화할 수 있다. ◆ 스스로에게 상장을 만들어 주는 과정을 통해 스스로를 인정하는 기회를 가지며 자존감을 향상할 수 있다.		
영역	정서조절 영역 정서활용 영역	핵심 역량	심미적 감성 역량 자기관리 역량
재료	상장 용지, 마커, 오일파스텔, 색연필, 여러 오브제 혹은 스티커		
도입	1. 돌아보기 한 학년을 돌아보며 자신이 경험한 것들과 느낀 것들을 떠올려 보고 그중에서 자신이 스스로에게 칭찬해 주고 싶은 부분들을 생각해 본다.		
전개	2. 나만의 상장 만들기 1번에서 돌아본 내용을 바탕으로 준비된 상장 용지에 스스로에게 주는 상장을 만들어 본다. 상장의 내용은 1번의 내용을 포함한 1년을 잘 지내 왔던 자신에게 고맙다는 내용이다. 상장의 형식은 자유이고 상장의 제목, 내용도 자유이다. 글만 적을 수도 있고 이미지를 함께 그릴 수도 있다.		
정리	3. 상장 발표 완성된 상장을 돌아가면서 소개한다.		
참고 사항	✎ 1번의 내용은 각 교사가 반별로 혹은 모둠에 맞추어 유동적으로 준비한다.		

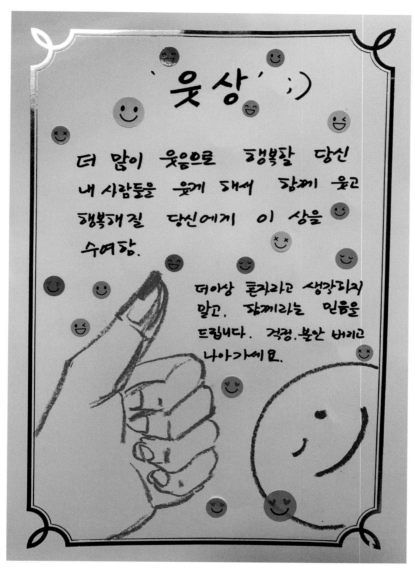

〈나에게 주는 상장〉 예시

학기 초 교우관계로 힘들어했던 자신이 1년 동안 친한 친구를 사귀고 학급 친구들과 잘 지낸 스스로에게 준 상장. 스스로에게 엄지 척 이미지를 선물처럼 그려 주었다.

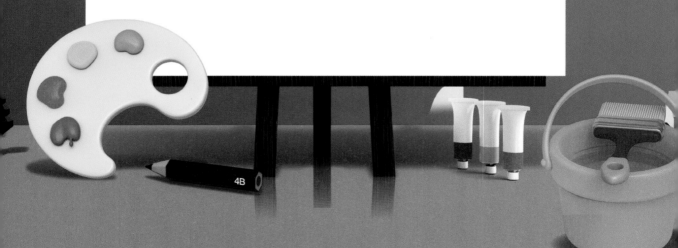

Part **2**

핵심 정서 마주하기

Part 2에서는 5가지 핵심 정서를 중심으로 각 정서를 활용한 프로그램을 제시한다. 치유는 감정을 알아차리면서부터 시작된다. 그렇기에 자신의 감정을 잘 알고 잘 들여다보는 것만으로도 마음은 회복된다. 그러나 우리는 여러 환경적 요인으로 인하여 감정에 좋고 나쁨이란 평가를 하게 되고 심지어 자신이 나쁘다고 판단한 감정은 우선 회피하기도 한다. 감정을 들여다보지 않는 것, 그리고 이와 비슷한 감정을 만날 때마다 직면하지 못하게 만드는 회피는 아이들이 미래로 나아갈 여정을 용기 내어 이어가지 못하게 하는 브레이크와 같은 역할을 할 수도 있다. 따라서 이 Part에서는 어떤 종류의 감정이든 잘못된 것은 없다는 개념을 인식하고 지금 현재 느끼는 감정을 미술 매체를 활용해 안전하고 자유롭게 표현할 수 있는 기회를 제공해 주고자 한다. 그렇기에 교사들은 아이들의 그림을 진단하거나 평가하려는 부담을 가질 필요가 없다. 아이들은 지금 현재 내가 느끼고 있는 감정을 찾고 표현하는 활동을 통해 어디서부터인가 시작된 상처에 대한 회복을 시작할지도 모른다.

우리는 유사해 보이나 의미가 다른 감정 단어들을 사용하고 있다. 만약 교사가 정서(emotion), 기분(mood), 느낌(feeling)의 의미를 이해한다면 아이들의 심리ㆍ정서적 부분을 좀 더 세심하게 지원할 수도 있을 것이다.

정서(emotion)는 이후 행동을 준비하는 기능을 하며 효과적으로 대처할 수 있는 기초가 되는 것으로 비교적 뚜렷한 선행사건에 의해 짧은 시간에 유발된다. 예를 들어, '영어 시험을 망쳤다'는 특정 상황에 대해 느끼는 분노, 수치심, 우울과 같은 감정은 정서이다. 이 감정은 영어 시험과 관계없는 수학시험에는 적용되지 않으며, 시험과 관계없는 상황에서도 활성화되지 않는다. 이에 비해 기분(mood)은 선행사건이 명확하지 않으면서 장기간 지속되는 경우를 나타낸다. 기분은 그 강도가 정서에 비해 낮고 장기적이다. '요즘의 기분, 최근의 기분'이라는 말은 기분이 가진 특성을 잘 반영하고 있다.

느낌(feeling)은 현상학적 장에서 주관적으로 의식되는 것으로 정서의 여러 성분을 담고 있다. 현상학적 장이란 개개인의 서로 다른 경험적 세계로 불리기도 한다. 예를 들어, 체험학습을 갔다는 동일한 상황에서 누군가는 신나고 새로운 경험을, 힘들고 따분한 경험을 할 수 있다. 이렇듯 동일한 현상에서도 각기 개인은 서로 다르게 그 현상을 지각하고 경험하기 때문

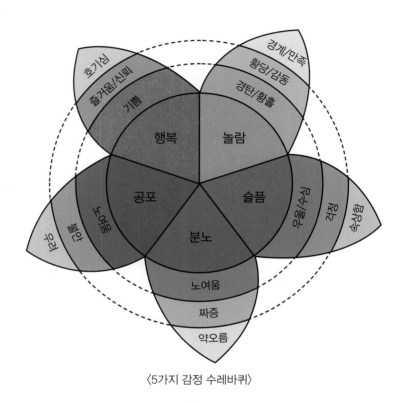

〈5가지 감정 수레바퀴〉

에 각 개인은 자신만의 경험 세계를 가지고 있다는 것이다. 인간중심상담의 창시자 칼 로저스 (Carl Rogers)는 타인의 사고나 행동을 이해하지 못하는 이유를 현상학적 장의 차이 때문이라고 설명하고 있다. 그렇기에 같은 대상을 통해 누군가는 긍정적 느낌을, 누군가는 부정적 느낌을 받는다.

상기의 감정 수레바퀴는 미국의 심리학자 로버트 플루칙(Robert Plutchik)이 8분류로 발표한 감정 수레바퀴를 수정, 보완한 것이다. 가운데가 핵심 정서이며, 바깥으로 갈수록 그 강도가 약하고, 가운데로 올 수록 그 강도가 강하다. 이 자료를 통해 학교상담 현장에서 학생-학생, 그리고 교사-학생 간 경험할 수 있는 한국 학생의 일반적인 정서를 5가지로 정리하여 활용하고자 한다. 여기에서는 핵심 정서를 행복, 놀람, 슬픔, 분노, 공포의 5가지로 분류하여 제시한다.

5가지 핵심 감정을 각각 활용한 프로그램은 다음과 같다.

행복

　행복은 생활에서 충분한 만족감과 기쁨을 느끼고 이로 인해 흐뭇한 상태를 의미한다(표준 국어대사전). 우리는 하고자 하거나 하고 싶은 욕구가 충족되었을 때 흡족한 마음이나 느낌을 받게 된다.

　학생들은 대개 또래와의 관계 속에서 함께 즐기고 이야기를 나누며 행복감을 느끼곤 한다. 때로는 학생으로서 본인이 희망하는 목표를 이루었을 때도 행복감을 느낀다. 다양한 행복의 감정들이 스스로의 선택에 의해 상기될 수 있다는 점, 그리고 긍정적 태도가 자신에게 주는 영향력 등을 인식하는 것이 프로그램들의 공동 목표이다.

제목	**나만의 긍정 보드**		
목표	◆ 긍정적인 생각이 자기 가치에 주는 영향을 구체적으로 생각해 볼 수 있다. ◆ 일상 속에서 긍정적인 것에 시선을 두는 것으로 자기 자신을 위로하고 회복 탄력성을 높이는 경험을 할 수 있다.		
영역	정서인식 영역 정서활용 영역	핵심 역량	의사소통 역량(협력적 소통) 자기관리 역량
재료	검은 도화지, 〈긍정 문구〉 도안(도안 3), 밝은색 색연필, 스티커, 콜라주 재료, 가위, 풀		
도입	**1. 긍정 문장 고르기** 준비된 〈긍정 문구〉 도안을 보고 스스로 마음에 드는 문장을 선택하게 한다. 선택한 긍정 문장을 가위로 오린다. 꼭 하나가 아닌 여러 개를 선택해도 좋다. **2. 긍정 문장 추가하기** 도안에서 고른 긍정 문장 이외에 평소에 학생이 좋아하는 긍정 문구나 글이 있다면 빈 종이에 적어서 오린다.		

전개	**3. 긍정 보드 만들기** 각자 고른 긍정 문장들을 도화지에 붙이고 준비된 콜라주 재료와 스티커, 색연필을 이용해 긍정 보드를 완성한다. 학생 스스로가 매일 보고 싶도록 최대한 본인의 스타일대로, 마음에 들게 꾸밀 수 있게 한다. **4. 긍정 보드 소개하기** 완성된 긍정 보드를 돌아가면서 소개하고 그중에 특별히 나누고 싶은 문장이 있다면 이유와 함께 소개한다.
정리	**5. 나누고 더하기** 각자 긍정 보드 소개가 끝나고 나면 다른 사람의 긍정보드에서 마음에 들었던 부분이 있는지, 어떤 부분이나 문장인지 이야기해 본다. 그리고 자신의 긍정 보드에 추가하고 싶다면 추가한다. **6. 완성된 긍정 보드의 역할** 완성된 긍정 보드를 집에 붙여놓거나 사진을 찍어서 학생들 스스로가 긍정 보드를 자주 볼 수 있도록 권유한다. 자주 보는 것의 중요성에 대해서도 설명한다. 일상 속에서 나만의 긍정적인 요소들에 시선을 두는 습관을 통해, 자신의 회복 탄력성을 높이고 각자가 스스로를 격려하고 위로할 수 있다.
참고 사항	✍ 교실에서 진행될 경우 4~5명씩 모둠으로 진행한다. ✍ 〈긍정 문구〉 도안은 제공된 것 이외에 다른 문구들을 추가해서 사용해도 좋다. ✍ 개인상담으로 진행될 경우 5번의 단계 대신 스스로 긍정의 말을 선택하고 본인에게 맞는 긍정 보드를 만들어 봄으로써 긍정의 요소를 강화시키고 스스로를 위로하는 경험을 할 수 있다. 이것이 이번 프로그램의 목표였음을 이야기해 주고 나만의 긍정 보드 만들기가 어떤 경험이었는지에 대해 물어본다.

〈나만의 긍정 보드〉 예시

왼쪽에 붙은 긍정 문구들은 스스로가 듣고 싶은 말을 고른 것이고, 아래에는 그 말들을 들었을 때 자신이 느끼는 감정을 환하게 웃는 모습과 행복한 표정들의 표정 스티커로 표현했다. 긍정 보드를 만드는 시간 동안 긍정의 말을 듣고 느낀 기분을 담아 'I Love Myself'라고 긍정 보드의 제목을 정했다. 제목을 정한 이유는 "내가 나를 사랑해 주어야겠다는 생각을 기억하고 싶어서."라고 설명했다.

제목	**칭찬 카드**
목표	◆ 서로를 칭찬하고 주고받는 과정의 긍정적인 효과를 통해 행복감을 경험할 수 있다. ◆ 타인이 나에게 해 주는 칭찬을 받아들이는 것에 대한 훈련을 통해 자존감을 향상할 수 있다.

영역	정서표현 영역 정서활용 영역	**핵심 역량**	심미적 감성 역량 공동체 역량

재료	16절지 도화지 혹은 A4 용지, 색연필, 가위

도입	**1. 카드 만들기** 준비된 도화지 혹은 A4 용지를 오려서 8개의 직사각형 카드를 만든다.

전개	**2. 칭찬 카드 만들기** 빈 카드에 각 한 개씩 칭찬을 적는다. 예시로는 "너는 가치 있는 사람이야", "괜찮아", "넌 충분해", "너는 참 아름다워", "고마워" 등이 있다. **3. 칭찬 카드 꾸미기** 칭찬을 적은 카드에 어울리게 색연필을 이용해서 색칠하거나 이미지를 그려 넣는다. 혹은 칭찬 글자를 강조해도 좋다. 학생이 원하는 방식대로 칭찬 카드 꾸미기를 완성시킨다. **4. 칭찬 카드 나누기** 완성된 8장의 칭찬 카드 중 원하는 칭찬 카드를 주고 싶은 모둠원들에게 각 한 장씩 나누어 준다. 마지막 한 장은 스스로에게 선물한다. 각 모둠원은 본인의 카드 한 장과 다른 학생으로부터 받은 카드 일곱 장으로 총 여덟 장의 다른 칭찬 카드들을 가지게 된다.

정리	**5. 칭찬 카드 소개하기** 한 명씩 돌아가면서 받은 여덟 장의 칭찬카드를 소개한다. 이때 받은 사람이 카드를 앞으로 들어 보여 주고 그 카드를 준 사람이 그 칭찬 카드의 문구를 직접 읽어 주는 방식으로 진행한다. 자신이 스스로 선물한 카드는 스스로 읽는다. 한 학생당 총 여덟 번의 칭찬을 듣게 된다.

참고 사항	✎ 교실에서 진행될 경우 8명씩 모둠으로 진행한다. 시간상이나 물리적인 여건상 8명이 맞지 않는다면 6명으로 진행하고 칭찬 카드도 6개를 만들 수 있다. ✎ 개인상담으로 진행될 경우 스스로 듣고 싶은 칭찬카드를 만들고 교사가 그 카드를 읽어 주면서 한 장 한 장 다시 학생에게 선물해 준다.

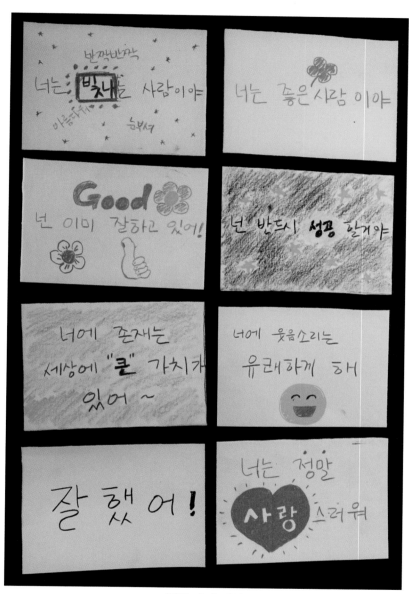

〈칭찬 카드〉 예시

이 학생은 스스로에게 해 주는 칭찬의 말들을 적어 나가면서 "글을 쓰는 것만으로도 기분이 좋아요."라고 설명했다. 작업을 모두 마친 후 칭찬 카드를 다른 친구들에게 선물하고, 또 자기 자신에게 선물하는 과정에서 자기 스스로에게는 "너의 존재는 세상에 큰 가치가 있어"를 선택했다.

제목	**나를 행복하게 하는 것들**		
목표	◆ 나를 행복하게 하는 것들의 범위를 재구성해 봄으로써 스스로 행복에 대한 정의를 언어로 표현해 볼 수 있다. ◆ 행복한 자화상의 표현을 통해 행복의 감정을 경험할 수 있다.		
영역	정서인식 영역 정서활용 영역	핵심 역량	의사소통 역량(협력적 소통) 심미적 감성 역량
재료	〈말풍선〉 도안(도안 4), 도화지, 마커 혹은 사인펜, 오일파스텔, 가위, 풀		
도입	**1. 행복** 행복이란 무엇인지, 일상 속 소소한 행복들에 대한 예시를 나누어 본다.		
전개	**2. 행복의 풍선** 〈말풍선〉 도안의 각 풍선에 나를 행복하게 하는 것들을 적어 본다. 감정, 상황, 대상, 생각, 말 모두 좋다. 각 풍선에 적은 단어나 문장에 어울리게 풍선을 꾸미면서 칠하고 오린다. **3. 풍선의 주인** 오려진 풍선들을 보고 자신이 이 풍선을 다 가졌을 때를 상상해 본 후 도화지에 자신의 모습을 그린다. **4. 행복한 나** 그려진 자신의 모습 주위에 자유롭게 풍선들을 붙여 주고 이를 통해 떠오른 느낌을 색이나 패턴 등으로 인물과 풍선 주변에 표현한다.		
정리	**5. 소개하기** 돌아가며 완성된 자신의 행복 자화상을 소개한다.		
참고 사항	✎ 1번의 예시를 교사가 미리 준비해서 나누어도 좋다. ✎ 교실에서 진행될 경우 4~5명씩 모둠으로 진행한다. ✎ 개인상담으로 진행될 경우 교사가 행복 풍선을 그려서 선물해 줄 수 있다.		

〈나를 행복하게 하는 것들〉 예시

풍선 도안에 나를 행복하게 하는 것들을 적고 그것에 따라 스스로 느끼는 느낌을 색과 패턴으로 표현했다. 행복하게 하는 것들에 대해 특정 인물이나 상황, 물건보다는 평안, 고요, 고마움과 같은 자신의 생각이나 마음에 대해 표현했다. 풍선이 완성되고 하나씩 오리면서 이 풍선들이 다 한번에 모여 내가 이 기분을 다 경험한다면 어떤 표정을 지을지 상상해 보았다고 한다. 상상한 자신의 행복한 모습을 그렸는데 마음이 가득 차서 눈을 감고 행복을 느끼는 자신의 모습을 표현했다고 했다.

놀람

놀람은 다양한 얼굴이 있는 감정 단어이다. 놀람의 첫 번째 뜻은 '감동을 일으킬 만큼 훌륭하거나 굉장하다'이며, 두 번째 뜻은 '갑작스러워 두렵거나 흥분 상태에 있다'이며, 세 번째 뜻은 '어처구니없을 만큼 괴이하다'이다(표준국어대사전). 이처럼 놀람은 여러 가지 상황에서 경험할 수 있는 감정이지만 학생에 따라 놀람을 긍정 혹은 부정의 단어로만 치우쳐 인식하고 있는 경우가 많다.

학생들은 수업시간 예상치 못한 학생-학생관계, 그리고 교사-학생관계 속에서 놀람을 경험할 수도 있고 쉬는 시간이나 점심시간 교우관계 속에서도 놀람을 경험하기도 한다. 특히, 학교폭력 피해와 같은 상황에서의 놀람은 분노 등과 연계되기도 한다. 많은 학생들이 놀람을 이와 같은 부정적 입장으로 이해하고 있으나 놀람은 앞서 언급한 것처럼 감탄스럽고 황홀한 긍정적 입장에서도 언급될 수 있는 감정 단어이다. 학생들과 놀람의 다양한 면, 혹은 양가적 면을 함께 공유함으로써 자신의 일상에서 놀람을 다양하게 인식할 수 있도록 하는 것이 프로그램들의 공동 목표이다.

제목	**나의 감정들**		
목표	◆ 감정에 따른 자신의 모습을 이미지화하고 시각화해서 표현해 봄으로써 스스로의 감정을 인식할 수 있다. ◆ 완성된 작품을 통해 자신이 어떤 감정에 어떤 영향을 받는지 탐색하고 다루기 어려운 감정은 무엇인지 확인할 수 있다.		
영역	정서인식 영역 정서표현 영역	핵심 역량	심미적 감성 역량 자기관리 역량
재료	〈옆얼굴〉 도안(도안 5), 검은색 도화지, 가위, 풀, 오일파스텔, 마커, 색연필, 여러 콜라주 재료		

도입	**1. 감정 탐색** 일상에서 느끼는 대표적인 감정들에 대해서 질문한다. "우리가 일상에서 느끼는 감정들에는 무엇이 있을까요?" 질문을 통해 나오는 감정들을 정리한 후, 여섯 가지 대표 감정을 고른다. 다양한 감정이 골고루 들어갈 수 있도록 선별한다(예: 분노, 기쁨, 슬픔, 우울, 만족, 두려움).
	2. 밑그림 준비 〈옆얼굴〉 도안을 선을 따라 오리고 검은색 도화지에 붙여 준비한다. 가로나 세로는 상관없다. 각 옆모습에 각 감정을 표현할 것이라고 설명해 준다.
전개	**3. 감정 표현하기** 〈옆얼굴〉 도안이 붙은 검은색 도화지에 앞에서 선별된 여섯 가지 대표되는 감정에 따른 자신의 모습을 표현한다. 주어진 재료들로 다양하게 꾸며서 표현해 본다. 예를 들어, '화가 났을 때의 나는 어떤 색일까요?', '어떤 패턴이나 모양이 화가 난 나에게 어울릴까요?', '어떤 재료가 나의 화를 잘 표현할 수 있을까요?' 등을 생각해 보고 표현할 수 있도록 한다.
정리	**4. 감정 확인하기** 여섯 개의 옆모습이 감정대로 모두 완성되었으면, 각 감정의 이미지를 돌아가며 설명한다. **5. 질문하기** 각 설명이 끝나면 아래의 질문에 대해 서로 묻고 답해 본다. – 가장 표현하기 어려웠던 감정은 무엇이었나요? – 그 감정이 평소에 내가 표현하기 어려워하는 감정과 연관이 있나요? – 내가 표현한 각 감정이 어떤 상황이나 이유로 느껴지나요? – 각 감정은 나에게 어떤 영향을 미치나요?
참고 사항	✎ 교실에서 진행될 경우 2~3명씩 모둠으로 진행한다. 개인의 감정에 대한 이야기이므로 소모둠을 추천한다. ✎ 개인상담으로 진행될 경우 5번의 질문하기는 교사가 학생에게 해 주게 된다. 교사와 학생이라는 관계에서 오는 딱딱한 분위기가 이 주제에 방해가 될 것 같다고 판단되는 경우는 질문을 미리 프린트로 준비해서 학생이 차분히 종이에 적어 보게 할 수도 있다. ✎ 도안 작업이 마무리되면 함께 읽어 봐도 좋은지 동의를 구하고 동의한다면 함께 읽어 본다. 동의하지 않는다면 학생이 프린트를 가져갈 수 있도록 한다. 오늘 이 시간이 가지는 의미에 대해서도 설명해 준다. '막연하고 주관적인 감정을 객관화시키고 정리해 보고 감정에 따른 자신의 모습을 돌아보기 위한 시간'이었음을 이야기해 주고 스스로 이 부분을 생각해 볼 수 있도록 격려한다.

〈나의 감정들〉 예시

이 학생은 처음 이 작업을 시작했을 때, "감정을 색이나 이미지로 표현하기 어렵다"고 이야기했다. 그래서 각 감정을 느낄 때의 느낌과 가장 잘 어울릴 색을 골라 보는 것으로 시작해 점차 색과 이미지, 재료의 조합을 늘려 갔다. 왼쪽 하단의 슬픔이라는 감정의 경우 눈물을 표현한 파란색으로 표현된 이미지 위에 누구에게도 보이고 싶지 않은 마음을 담아 펠트지를 오려서 덮어 주었다. 또한 분노의 감정은 머리가 뾰족뾰족 서지만 입은 오히려 닫고 있는 모습을, 우울한 감정은 자신의 몸이 빨갛게 되는 듯하지만 겉으로 웃고 있는 모습을 표현했다. 작업이 끝난 후 "평소에 말로하기 어려웠던 감정이 그림과 재료가 있으니 더 잘 표현할 수 있었어요."라고 소감을 이야기했다.

제목	**놀람의 두 얼굴**
목표	◆ 놀람이라는 감정에 대해 정확히 인식하고 스스로의 감정을 확인해 볼 수 있다. ◆ 놀람이라는 감정 속 양가감정을 확인하고 의인화 해서 표현해 봄으로써 감정의 인식을 높일 수 있다.

영역	정서인식 영역 정서표현 영역	핵심 역량	심미적 감성 역량 의사소통 역량(협력적 소통)

재료	도화지, 색연필, 오일파스텔
도입	**1. 놀람 정의 내리기** 놀람이라는 감정 속 양가감정을 설명해 준다. *교재 48페이지〈5가지 감정 수레바퀴〉 참고(경탄, 황당, 경계/황홀, 감동, 만족) 자신이 생각한 놀람이라는 감정과 설명을 들은 놀람에 대해 새롭게 알게 된 부분이 있다면 자유롭게 나누어 본다.
전개	**2. 놀람의 두 얼굴** 도화지를 반 접어 한쪽에는 경탄, 황당, 경계의 놀람을 다른 쪽에는 황홀, 감동, 만족의 놀람을 표현해 본다.
정리	**3. 소개** 완성된 놀람의 두 얼굴을 소개한다.
참고 사항	✎ 1번의 과정은 교사가 48페이지 이미지를 스캔하여 교육용 TV에 제시하거나 프린트 자료로 미리 준비해서 설명해 줄 수도 있다.

〈놀람의 두 얼굴〉예시

평소에 놀라는 일들을 떠올려 보면 긍정적인 사건보다는 부정적인 사건이 더 많이 떠오른다고 설명한 이 학생은
장난을 잘 치는 친구가 종종 깜짝 놀래 주는 장난을 즐겨서 이때마다 심장이 철렁 내려앉는 느낌이 들면서 기분이
너무 좋지 않다고 설명했다. 그러나 놀람에 대한 설명을 듣고 난 후 자신은 맛있는 음식을 먹을 때마다 "우와~ 진
짜 맛있다!"라는 감탄사를 자주 연발하는 편이라 생각해 보면 긍정적인 놀람을 일상에서 꽤 자주 사용하고 있다
고 이야기했다.

제목	**놀람 마인드맵**		
목표	◆ 놀람이라는 감정의 개념을 확인하고 감정을 이해할 수 있다. ◆ 놀람의 감정이 자신에게 미치는 영향을 확인할 수 있다.		
영역	정서표현 영역 정서활용 영역	핵심 역량	심미적 감성 역량 자기관리 역량
재료	도화지, 사인펜 혹은 색연필		
도입	**1. 놀람이란** 놀람이라는 감정에 대해 설명해 준다. *교재 48페이지〈5가지 감정 수레바퀴〉참고		
전개	**2. 놀람 마인드맵** 도화지의 중심에 동그라미를 그리고 비워 놓는다. **3. 놀람의 가지** 동그라미를 중심으로 각 가지가 뻗어나가고 각 가지는 놀람이라는 감정에 대한 생각, 행동, 감정의 가지로 그리도록 한다. 각 가지를 완성하고 가지의 특성에 따라 다른 색을 사용하거나 상징적인 이미지로 꾸며 주어도 좋다. **4. 마인드맵 꾸미기** 놀람 마인드맵이 완성되면, 적힌 내용들을 보고 비워진 원 안에 스스로가 이해한 놀람이라는 감정을 그려 넣는다. 색, 이미지, 단어 등 어떤 표현 수단을 사용해도 괜찮다.		
정리	**5. 소개하기** 놀람 마인드맵을 소개한다. 마인드맵을 통해 확인한 스스로가 놀람이라는 감정을 경험하는 때는 언제인지, 이 감정에 자신이 어떤 영향을 받고 있는지 자유롭게 나누어 본다.		
참고 사항	✎ 1번의 과정은 교사가 48페이지 이미지를 스캔하여 교육용 TV에 제시하거나 프린트 자료를 미리 준비해서 설명해 줄 수 있다.		

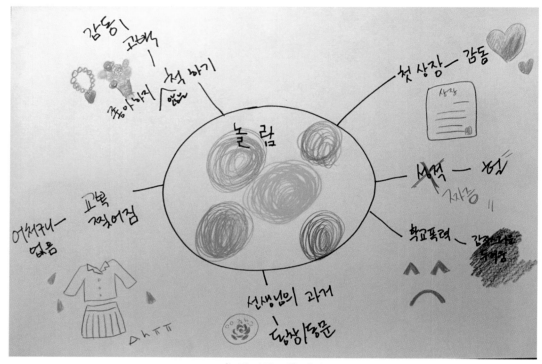

〈놀람 마인드맵〉 예시

교복이 찢어졌을 때의 놀람, 학교 폭력을 경험했을 때의 놀람, 예상지 못한 상장을 받았을 때의 놀람, 선생님과 같은 중학교를 졸업했다는 것에 대한 놀람, 성적을 직접 눈으로 확인했을 때 등의 놀람에 대해 마인드맵으로 표현하였다. 놀람에 대해 느낀 생각이나 감정, 행동 등을 이미지와 색으로 표현하였다.

슬픔

　슬픔은 슬픈 마음이나 느낌으로 정신적 고통이 지속되는 일을 의미한다(표준국어대사전). 사람에 따라 슬픔을 느끼는 상황은 다양하다. 어떤 사람은 분하고 억울한 원통한 일을 경험하여 슬픔을 느끼기도 하고, 자신이 처하여 있는 사정이나 형편이 안되어 슬픔을 느끼기도 하며, 애처롭거나 불쌍한 일을 보고 마음이 아파 슬픔을 느끼기도 한다.

　학생들은 또래 친구들의 어려운 일을 경험하고 함께 아파하며 슬픔을 느끼기도 한다. 아동학대나 가정 폭력, 학교 폭력 피해의 학생들은 대개 슬픔에 싸여 있기도 한다. 그러나 사춘기를 겪는 아이들의 경우 성인의 시각으로 보았을 때 공감되지 않는 슬픔을 느끼는 경우도 많다. 개인적이고 주관적인 방식의 슬픔을 아이들이 표현하고, 인식하며, 이를 건강히 다루도록 하는 것이 프로그램들의 공동 목표이다.

제목	자기대화		
목표	◆ 자기탐색을 통해 긍정적 자기대화, 부정적 자기대화의 중요성에 대해서 생각할 수 있다. ◆ 자신을 대하는 방식이 스스로에게 어떤 영향을 미치는지 확인하고 자신에게 건네는 대화를 변경해 볼 수 있다.		
영역	정서표현 영역 정서조절 영역 정서활용 영역	핵심 역량	자기관리 역량 창의적 사고 역량 의사소통 역량
재료	펜, 〈신체상〉 도안(도안 6), 〈자기대화〉 도안(도안 7), 검은 도화지, 오일파스텔, 색연필, 가위, 풀		
도입	**1. 자기대화 리스트** 자기대화는 일상에서, 혹은 특정 상황에서 스스로에게 건네는 말임을 설명한다. 스스로가 속마음으로 했던 말, 혹은 혼잣말을 했던 내용이 포함될 수 있다. 위의 내용을 참고해 〈자기대화〉 도안을 완성한다. 긍정적인 자기대화 칸에는 스스로에게 했던 긍정적인 말들을 쭉 적는다. 반대로 부정적인 자기대화 칸에는 스스로에게 했던 부정적인 말들을 적는다. −긍정적인 자기대화의 예: 괜찮아. 충분히 잘했어. 오늘도 수고했어. 나는 특별해. 만족해. 나는 아름다워. −부정적인 자기대화의 예: 나는 못났어. 어차피 못할 거야. 나는 뚱뚱해. 이번 생은 망했어.		

전개

2. 자기대화 리스트 탐색

자기대화 리스트를 적으면서 어느 쪽 칸이 적어 내려가기 더 쉬웠는지 생각해 보도록 한다. 더 쉽게 적어 내려간 쪽의 자기대화들을 평소에 스스로에게 어떤 대화들을 더 많이 했는지와 연결시켜 생각해 보도록 한다.

3. 긍정적인 자기대화

긍정적인 자기대화 리스트를 소리 내어 쭉 읽는다. 빠르게 읽기보다는 한마디 한마디 스스로에게 이야기해 주듯 읽을 수 있도록 한다.

짝을 지어 짝에게 자기대화 리스트를 건네 주고 리스트의 주인 이름을 넣어 긍정적인 자기대화를 읽어 주도록 한다(예: ○야 괜찮아, ○○야 너는 특별해). 읽어 주기가 끝난 후 역할을 바꿔서 똑같이 긍정적인 자기대화를 읽어 준다.

4. 나의 모습 그리기

스스로에게 긍정적인 자기대화를 해 주고, 상대방에게 듣고 나서의 기분을 담아서 자신의 모습을 신체상 도안 위에 그려 본다. 도화지와 오일파스텔, 색연필을 이용해서 자신의 모습을 자유롭게 표현할 수 있도록 한다.

5. 부정적인 자기대화

이번에는 부정적인 자기대화 리스트를 스스로 쭉 읽어 보고 느끼는 기분을 담아서 신체상 도안 위에 자신의 모습을 그려 본다. 두 개의 자신의 모습을 오려서 도화지 위에 붙이고 느껴지는 기분을 주변에 오일파스텔로 색을 표현해 준다.

6. 소개하기

긍정적인 자기대화를 함께 읽고 들었던 짝끼리 그림으로 그린 자신의 모습을 소개한다. 긍정적인 자기대화를 진행하고 나서 어떤 기분을 담아 그렸는지, 나는 어떤 모습으로 표현되었는지 서로 이야기해 보고 부정적인 자기대화를 통해 그린 자신의 모습을 비교해 볼 수 있도록 한다. 각각의 자기대화를 통해 표현된 이미지를 보면서 자기대화가 스스로에게 미치는 영향을 생각해 본다. 부정적 자기대화를 탐색하는 이유는 부정적 자기대화가 스스로에게 어떤 영향을 미치는지 인식하고, 그 사용 횟수를 의식적으로 줄여 나가기 위함이다.

정리

7. 긍정적 자기대화 강화하기

6번의 과정을 통해 확인한 긍정적인 자기대화가 자신에게 미치는 영향을 강화시켜 주기 위한 단계이다. 1번의 리스트에 없던 새로운 긍정의 자기대화를 추가해서 이미지 주변에 적어 준다. 함께 작업한 친구들에게 긍정의 자기대화를 적어서 선물해 줌으로 긍정적 에너지를 교환한다.

〈자기대화〉 예시

이 학생은 긍정적인 자기대화 리스트를 적는 것을 부정적인 자기대화 리스트를 적는 것보다 어려워했다. 긍정적인 자기대화를 생각하고 들었을 때는 꽃이 피어나고 살아나는 느낌이 들었다며 왼쪽에 자화상을 완성했다. 부정적인 자기대화를 떠올리면 스스로 몸이 다 묶이고 답답하고 화가 난다고 표현했다. 스스로에게 더해 주고 싶은 긍정의 말은 그대로 충분하다는 의미의 'enough'였다. 'enough' 이외에 새로운 긍정대화를 추가하지 않고 리스트에 적힌 긍정대화들을 그대로 적어 주변에 붙여 주었다. 그 이유는 리스트에 적힌 긍정대화들도 아직 익숙하지 않기 때문이라고 했다.

제목	**엎드려 있는 나**		
목표	◆ 이미지를 통해 자신의 감정을 대입시키고 시각화해 봄으로써 자신의 감정을 대면할 수 있다. ◆ 모둠 안에서 감정을 공유하고 위로와 격려의 감정을 경험할 수 있다.		
영역	정서조절 영역 정서활용 영역	핵심 역량	자기관리 역량 공동체 역량
재료	〈엎드린 사람〉 도안(도안 8), 도화지, 오일파스텔, 색연필, 가위, 풀		
도입	**1. 감정 떠올리기** 〈엎드린 사람〉 도안을 나누어 준다. 도안 속 인물을 보고 떠오르는 감정과 상황이 무엇인지 생각해 보게 한다. **2. 감정의 대입** 위에서 떠올린 감정과 상황을 자신이 경험했던 때는 언제인지 떠올린다.		
전개	**3. 그때의 나** 2번에서 떠올린 자신의 모습, 상황, 감정을 도안에 자유롭게 표현해서 그려 준다. **4. 소개** 완성된 이미지를 오려서 도화지에 붙이고 돌아가며 소개한다. **5. 위로하기** 4번의 나에게 필요한 위로의 말, 행동이 무엇인지 생각해 본다. 생각한 것들을 도화지에 그리고 표현한다. 생각한 위로의 말을 적어 주고, 필요한 것을 주변에 그린다.		
정리	**6. 마음 전달하기** 어떤 위로를 주었는지 소개하고 한 명의 소개가 끝나면 모둠원들이 전하고 싶은 위로와 응원의 말을 이야기해 준다. **7. 마음 받기** 자신이 받은 위로와 응원의 말들을 도화지에 적어 준다. **8. 나를 위로하기** 스스로를 위로한 후, 그리고 친구들에게 위로받은 후의 느낌을 색이나 이미지로 주변에 표현해 준다.		

참고
사항

✎ 간행물의 사진 이미지, 명화작품이나 그림 이미지 등의 다양한 소재를 활용하면 표현의 부담을 줄이고 참여도를 높일 수 있다.

✎ 교실에서 진행될 경우 4~5명씩 모둠으로 진행한다.

✎ 개인상담으로 진행될 경우 6번의 단계에서 교사가 위로와 응원의 말을 선물해 줄 수 있다.

〈엎드려 있는 나〉 예시

이미지를 보고 떠올린 상황과 감정은 슬프고 답답한 기억이었다. 답답한 자신을 밧줄로 묶인 이미지로 표현하였고, 슬픔에 가득 찬 자신을 파란색으로 칠해 표현하였다. 보통 이럴 때 방에 문을 잠그고 혼자 있는데, 좋아하는 음악을 들으며 기분을 달랜다고 했다. 스스로가 바라는 위로로 친구들과 맛있는 음식을 먹거나 여행 가는 것을 떠올렸다고 한다. 자신에게 위로가 되는 긍정 문구를 골라서 이미지에 붙여 준 뒤 스스로 소리 내어 읽어 주었다. 그 이후 느껴지는 따뜻함을 머리 위에 해를 그려 표현하고 마무리했다.

분노

 분노는 분개하여 몹시 성을 내는 것을 의미한다(표준국어대사전). 아무 잘못 없이 꾸중을 듣거나 벌을 받으면 억울하고 불쾌한 감정이 들고, 이때 느낀 원통한 마음은 화가 날 만큼 섭섭하고 언짢다. 그러나 자신에게 직접적으로 관계되지 않은 상황에서도 분노의 감정은 자주 경험된다.

 학생들은 학교 폭력 피해의 경험 속에서 분노의 감정을 경험하기도 하며, 교우관계 속에서, 그리고 가족관계 내에서도 분노의 감정을 경험할 수 있다. 그러나 그 감정이 분노인지 인식하지 못하는 경우도 있으며, 우울과 같은 2차적 정서로 변환되기도 한다. 분노가 슬픔과 같은 감정과 연계될 경우, 분노를 경험한 학생들이 슬픔의 표현 중 하나인 눈물을 흘리는 방식을 취하기도 한다. 자신의 분노를 들여다보고, 분노의 원인을 파악하며 감정을 해소할 수 있도록 돕는 것이 프로그램들의 공동 목표이다.

제목	나의 분노는?
목표	◆ 감정을 시각화해 봄으로써 자신이 가지고 있는 분노라는 감정을 구체적으로 인식할 수 있다. ◆ 미술활동을 통해 부정적 감정을 표현하면서 그 감정을 정화시킬 수 있다.
영역	정서인식 영역 정서조절 영역　　　핵심 역량　　심미적 감성 역량 창의적 사고 역량
재료	〈돌담〉 도안(도안 9), 색연필 혹은 사인펜, 도화지, 오일파스텔
도입	**1. 분노란** 분노라는 감정을 각각 정의 내리고, 최근 가장 강렬하게 분노를 느꼈던 순간, 반복적으로 분노를 느끼는 상황, 개인적으로 분노를 다루는 방식 등을 공유한다.
전개	**2. 분노의 돌담** 〈돌담〉 도안을 나누어 준다. 프린트 속 돌멩이에 각각 나의 분노들을 색연필 혹은 사인펜으로 적는다. 분노하는 환경이나 상황, 분노하는 대상, 분노의 감정, 분노의 생각 등을 포함해서 희망하는 내용을 모두 적을 수 있게 한다. **3. 분노의 기분** 분노의 돌들로 가득 찬 〈돌담〉 도안을 보고 드는 기분을 공유한다.
정리	**4. 돌담 부수기** 완성된 〈돌담〉 도안을 찢는다. 종이를 찢는 것은 상징적인 작업으로 승화의 감정을 경험해 볼 수 있다는 것을 설명해 준다. 서류 봉투에 '감정 쓰레기통'이라고 적고, 찢은 도안들을 직접 버리도록 할 수도 있다(이하 감정 쓰레기통). **5. 부순 나의 기분** 종이를 찢은 후 기분을 도화지에 색으로 가득 칠한다. 이때 사용하는 도구는 오일파스텔이다. 도화지에 가득 칠한 후 활동 경험의 기분을 공유한다.
참고 사항	✎ 1번의 단계에서 교사가 미리 분노라는 감정에 대해 나눌 내용을 준비해 갈 수 있다. ✎ 5번에서 다른 채색 도구가 아닌 오일파스텔을 쓰는 이유는, 매체의 특성상 부드럽게 칠해지는 동시에 시각적으로 강조되기 때문에 기분을 표현하는 에너지를 잘 전달해 줄 수 있기 때문이다. ✎ 교실에서 진행될 경우 4~5명씩 모둠으로 진행한다. ✎ 개인상담으로 진행될 경우 5번의 단계에서 학생이 교사에게 기분을 공유한다.

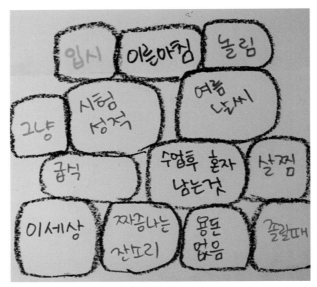

〈나의 분노는?〉 예시 1

〈나의 분노는?〉 예시 2

분노에 대한 생각이나 느낌, 분노하는 상황 등을 〈돌담〉 도안에 적어 마음속에 숨겨 놓았던 분노를 밖으로 끄집어 내어 정리하였다. 〈돌담〉 도안에 적힌 나의 분노들을 찢으며 그 감정들을 해소하는 의식을 경험했다. 〈돌담〉 도안을 찢으면서 "더 찢어도 돼요?"라고 질문하였고 '그렇다'는 말을 듣고 한 번 더 종이를 작게 찢었다.

제목	**분노 박스**
목표	◆ 분노라는 감정을 시각화해 보는 활동을 통해 감정을 구체화해 볼 수 있다. ◆ 박스 작업을 통해 감정을 통제하는 방법을 배울 수 있다.

영역	정서표현 영역 정서조절 영역	핵심 역량	심미적 감성 역량 창의적 사고 역량 자기관리 역량

재료	〈내 안의 분노〉 도안(도안 10), 〈박스〉 도안(도안 11), 색연필 혹은 사인펜, 가위, 풀 또는 테이프

도입	**1. 분노란** 분노라는 감정에 대해 이야기해 본다. 최근에 느꼈던 분노한 경험, 분노할 때 자신의 몸과 생각에 일어나는 변화, 분노를 통해 만나는 나의 새로운 모습 등에 대해 공유한다.
전개	**2. 내 안의 분노** 〈내 안의 분노〉 도안을 나누어 준다. 도안에 나의 분노를 그려 본다. **3. 분노 박스** 〈박스〉 도안을 오려서 상자를 만든다. 2에서 그린 나의 분노를 넣을 박스는 어떤 모습일지 생각해 보고 원하는 대로 분노 박스를 꾸며서 완성해 준다(예: 자물쇠가 굳게 잠긴 박스, 사랑의 박스, 다양한 기분의 물음표 박스 등). **4. 분노 가두기** 2번에서 완성된 도안에서 분노 부분을 오려 박스 안에 접어 넣는다. **5. 박스의 주인** 〈내 안의 분노〉 도안에서 분노 부분을 오리고 남은 사람 이미지를 준비한다. 분노가 담긴 박스의 주인인 자신의 모습을 그리고 오린 후 박스의 원하는 위치에 붙여 준다.
정리	**6. 소개하기** 완성된 작품을 돌아가며 소개한다. 분노박스의 주인이 자신이라는 상징성을 담아 완성한 작품을 통해 감정을 통제하는 경험을 했는지 확인한다.
참고 사항	✎ 교실에서 진행될 경우 4~5명씩 모둠으로 진행한다. ✎ 개인상담으로 진행될 경우 6번 대신 오늘 한 활동을 통해 느낀 점을 자신에게 쓰는 편지나 메시지로 마무리해도 좋다.

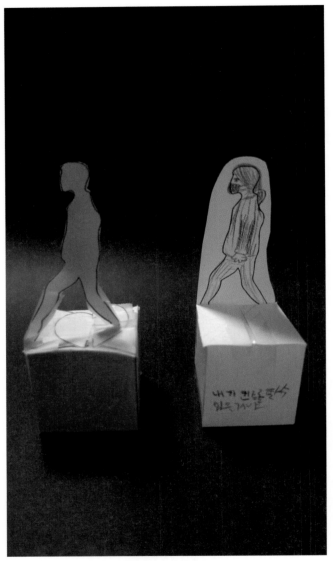

〈분노 박스〉 예시

〈분노〉 도안에는 평소에 반항심이 올라올 때의 자신의 화를 불로 표현해서 그렸다. 스스로도 가끔 화가 나거나 할 때 화내는 것이 조절되었으면 좋겠다는 소망을 이야기했다. 분노 박스를 따로 꾸미고 싶지 않다고 말하고, "내가 컨트롤할 수 있을 거야."라는 스스로의 다짐만 적어 넣었다. 분노의 박스 위에 붙여진 자신의 모습은 특별한 모습이 아닌 요즘 자신의 평소 모습을 그려 넣었다.

공포

공포는 '두렵고 무서움'이라는 의미이다(표준국어대사전). 두려움은 어떤 대상을 무서워하여 마음이 불안하거나 마음에 꺼리거나 염려스러운 느낌이다. 일반적으로 특정 상황이나 대상이 자신에게 해를 끼친다고 느낄 때 두려움을 느낄 수 있다. 무서움은 어떤 대상을 꺼리거나 무슨 일이 일어날지 겁나는 경우에 느낄 수도 있다. 혹은 두려움이나 놀라움을 느낄 만큼 어떤 사람이 지닌 마음, 사물이나 현상이 가지고 있는 고유의 특성이 거칠고 겁을 줄 만큼 매몰차고 날카로울 때 무서움을 느낄 수도 있다.

학생들은 대개 학업준비, 학업성과, 또래관계에서의 고립 등으로 다양한 정서를 경험한다. 특히, 학업의 결과에 대한 예기불안, 두려움 등으로 어려움을 표현하기도 한다. 학교 폭력 피해의 경우 학교에서 만날 가해학생에 대해 자신에게 해가 될 것이라는 마음으로 두려움을 느끼고 등교 거부를 하는 안타까운 사례도 있다. 성인에 비해 학생들은 경험한 세계가 상대적으로 작기 때문에, 두려움을 느끼는 대상이나 범주, 그리고 강도가 성인의 기준과 다를 수 있다.

자신의 두려움을 인식하고 이를 다루는 감각을 익히는 것이 프로그램들의 공동 목표이다.

제목	수풀의 정원		
목표	◆ 공포라는 감정의 시각화를 통해 감정의 인식을 도울 수 있다. ◆ 공포의 수풀을 표현하고 정리하는 과정을 통해 삶에 공포의 감정을 주는 생각 연결고리들을 끊어내는 방법을 탐색할 수 있다.		
영역	정서인식 영역 정서표현 영역 정서활용 영역	핵심 역량	심미적 감성 역량 자기관리 역량 창의적 사고 역량
재료	도화지, 색종이, 매직, 오일파스텔, 가위, 마스킹테이프		

도입	**1. 공포란** 공포라는 감정을 각각 정의 내리고, 최근 가장 강렬하게 공포를 느꼈던 순간, 반복적으로 공포를 느끼는 상황, 개인적으로 공포를 다루는 방식을 공유한다. 공포와 불안의 감정을 비교해 정의 내릴 수 있도록 학생들에게 발문한다. 불안은 그 대상이 없고, 공포는 그 대상이 있는 두려움임을 설명할 수 있도록 한다. 예를 들어, 시험을 앞두고 공부를 하지 않은 학생이 시험 전날 느끼는 감정은 불안이며, 낮은 성적표를 보고 느끼는 감정은 공포이다. 이때 부모님께서 화를 낼까 봐 걱정하는 감정은 불안이며, 실제로 성적표를 부모님께 드리고 화난 부모님과 마주할 때 느끼는 감정은 공포이다.
전개	**2. 공포 수풀** 색종이에 여러 개의 수풀을 그리도록 하고, 각 수풀마다 자신이 우려하거나 불안한 생각들을 써 넣도록 한다. 수풀의 개수는 제한이 없으며, 만약 자신이 무서워하는 대상을 다른 사람에게 보이고 싶지 않은 경우에는 글씨 대신에 자신만 알아볼 수 있는 상징적인 이미지를 그릴 수 있도록 한다. 다른 사람과 공유하지 않더라도 스스로 표현하고 작업하는 것이 더 중요함을 강조한다. **3. 수풀의 정원** 자신이 적고 그려 넣은 수풀을 오리고 도화지에 마스킹테이프로 붙여 수풀의 정원을 만들어 보도록 한다. 마스킹테이프를 이용해 붙이는 것은 4번의 과정에서 제거하고 싶은 수풀을 손쉽게 떼어내기 위함이다.
정리	**4. 정원 가꾸기** 토론이 시작될 때에는 학생이 부정적인 생각이 쓰여 있는 수풀 중에 제거하고 싶은 수풀을 하나씩 떼어 내도록 한다. 수풀의 개수와 뜯어진 특정 수풀에 집중해서 토론을 한다. 토론의 과정에는 다음의 질문들이 포함된다. – 그 수풀이 자란 지 얼마나 되었나요? – 누가 그 수풀을 심었나요? – 어떻게 자라게 했나요? – 그 수풀은 얼마나 강한가요? – 몇 개의 수풀이 있나요? – 그 수풀을 어떻게 제거해야 할까요? – 그 수풀은 당신의 삶에 어떤 영향을 미치나요? – 그 수풀을 대체할 수 있는 것은 무엇이 있을까요?
참고 사항	✐ 1번은 교사가 교재를 참고해서 미리 준비할 수 있도록 한다. ✐ 교실에서 진행될 경우 4~5명씩 모둠으로 진행하고 토론에 필요한 질문을 칠판에 적어 놓고 모둠원끼리 토론할 수 있도록 한다. 주어진 시간에 따라 질문을 추려서 사용할 수 있다. ✐ 개인상담으로 진행될 경우 교사가 토론의 질문을 사용해 상담을 진행한다.

〈수풀의 정원〉 예시

공포와 두려움을 이야기했을 때 가장 먼저 '성적'을 적었고, 그다음으로는 '입시'를 적었다. 분명히 거쳐야 하는 과정이고 다가오고 있는데, 잘 할 수 있을지 자신감이 없다고 설명했다. 공부를 하는 것 그 자체보다 "난 실패할 거야"라고 스스로를 미워하는 감정이 가장 두려운 것이라고 설명하면서 맨 마지막으로 '나 자신'을 적었다. 그러나 이 시간은 분명 지나가고 입시가 모두 끝나 성인이 되었을 때 반짝반짝 빛날 시간들을 기대하며 이 시간들을 버티겠다고 설명하며 별들을 잘라 붙였다.

제목	**공포 4컷 만화**		
목표	◆ 공포라는 감정에 대해 정의 내리며 자신이 느끼는 공포의 상황을 설명할 수 있다. ◆ 공포라는 감정과 연결된 감정들을 탐색하고 공포의 시작점을 찾아냄으로써 부정의 감정을 전환시키는 방식을 배울 수 있다.		
영역	정서표현 영역 정서활용 영역	**핵심 역량**	창의적 사고 역량 의사소통 역량(협력적 소통)
재료	〈4컷 만화〉 도안(도안 12), 연필, 지우개, 색연필 혹은 사인펜		
도입	**1. 공포의 감정 탐색하기** 공포라는 감정과 연결된 다양한 감정을 찾아본다. 공포라는 감정과 연결된 감정은 어떤 감정들이 있을까요?(예:무서움, 불안, 우려……) 수풀의 정원에서와 마찬가지로 불안 vs 공포의 개념을 확립하는 것도 도움이 된다.		
전개	**2. 4컷 만화** 〈4컷 만화〉 도안에 자신이 공포라는 감정을 느끼는 상황을 그려 본다. 내가 공포라는 감정을 느끼는 상황을 떠올리고 그 상황을 4컷 만화로 그려 본다. 자신이 상황마다 느끼는 감정과 생각을 구체화하기 위해서 말풍선을 그리도록 하는 것을 추천한다. **3. 감정의 시작과 끝** 그려진 공포의 상황 4컷 만화 스토리에 대한 설명을 간단하게 적고 제목을 붙여 본다. 그려진 4컷 만화를 통해 스스로 공포라는 감정이 발생하는 감정의 시작과 끝을 찾아본다. **4. 컷 수정하기** 3번을 통해 찾아낸 공포의 감정을 불러일으키는 부분의 컷을 수정해 본다.		
정리	**5. 만화 소개** 만화의 내용과 수정한 부분을 공유한다.		
참고 사항	✐ 교실에서 진행될 경우 4~5명씩 모둠으로 진행해 3번의 과정을 모둠 안에서 서로 찾고 이야기 나눌 수 있다. ✐ 개인상담으로 진행될 경우 3번의 과정을 교사가 질문하고, 4번의 과정 후 수정된 부분을 체크해 준다.		

〈공포 4컷 만화〉예시

예전에 친구와 수다 떨면서 한 친구에 대해 이야기한 적이 있었는데, 그 이야기가 와전되고 부풀려져서 자신이 다른 친구의 험담을 크게 한 것처럼 소문이 나 버린 적이 있었다. 그래서 결국은 소문이 눈덩이처럼 불어나면서 험담의 주인공과 그 친구들이 자신을 왕따시켜 힘들어했었던 시간에 대해 설명했다.

　상기의 5가지 감정들은 별도의 프로그램으로 활용될 수도 있으나 이들이 융합된 하나의 프로그램으로 사용될 수도 있다. 학생들의 상황이나 그룹의 주제에 따라서 양가감정이나, 하나의 감정에 뒤따라오는 감정들을 함께 진행해 보고 싶은 경우 두 개의 프로그램을 함께 진행할 수 있다. 나의 감정들이라는 프로그램으로 시작해 학생들 스스로가 느끼는 감정이 정확히 무엇인지 인식하는 것부터 시작하는 것을 추천한다.

　예를 들어, 누군가는 분노의 감정이 억울함과 연결되어 있기도 하고 누군가는 분노의 감정이 슬픔과 연결되어 있기도 한다. 또 행복이라는 감정이 불안함과 연결되어 있기도 하고 행복이라는 감정은 온전히 즐거움이나 기쁨으로만 연결되기도 한다. 이런 과정을 통해 감정의 인식을 돕고, 이 프로그램을 통해 특별히 어려워하는 감정이나 익숙하지 않은 감정이 있다면 그 감정의 프로그램들을 진행해 보는 것을 추천한다.

나만의 감정 카드 만들기

우리는 어떠한 감정들을 느낄 수 있는지, 안전하게 표현하는 방법에는 어떤 것이 있는지, 나의 감정을 누구에게 어떻게 표현해야 하는지 등에 대해 배우고 익히는 것에 대해 익숙하지 않은 경우가 많다. 나만의 감정 카드 만들기 프로그램은 자신이 과거에 느꼈던 감정들을 되새겨 보고, 지금 현재 느끼는 감정들을 글과 그림으로 정리해 보는 기회를 제공한다. 학생들은 여러 감정을 복합적으로 느끼기도 하고, 서로 상반되는 양가적인 감정들을 느끼기도 한다. 예를 들어, 공허하지만 공허한 거 같지 않은 느낌, 친구들과 있을 때는 즐겁지만 혼자 나만의 시간을 가지고 싶은 느낌 등이 있다. 때로는 미처 표현하거나 형언할 수 없는 감정을 느끼기도 한다. 이러한 감정에 대해 나만의 감정 카드를 만들어 보는 것은 감정을 구체화할 수 있는 좋은 방법이다.

감정 카드용 종이의 한쪽 면에는 언어로 자신이 느끼는 감정을 쓰고, 다른 한쪽 면에는 자신이 표현한 감정을 색깔이나 상징으로 표현한다. 여백의 종이에 무작정 표현하기 힘든 학생들이 있다면 표정 스티커를 제공할 수도 있고, '이런 작업이 들어가면 좋을 것 같다'는 예시를 교사가 설명해 줄 수도 있다. 학생들이 자유롭게 다양한 감정을 어떤 식으로 표현할 수 있을지 가볍게 브레인스토밍을 활용해 볼 수도 있다.

제목	**나만의 감정 카드 만들기**
목표	◆ 감정 카드 만들기를 통해 자신의 감정을 인식할 수 있다. ◆ 자신의 기분과 상황을 색을 통해 공유하여 서로 대화하고 알아가는 시간을 가짐으로써 감정을 구체화하는 방법을 배울 수 있다.

영역	정서인식 영역 정서표현 영역	**핵심 역량**	심미적 감성 역량 창의적 사고 역량

재료	감정 카드용 종이(A4 8조각), 마커, 색연필, 오일파스텔

도입	**1. 나의 감정** 자신이 느끼는 다양한 감정을 찾아본다. 일상생활 속 사례를 들어 감정을 찾을 수 있게 안내하면 감정 찾기를 보다 쉽게 도움을 받을 수 있다. 나만의 감정 이름을 창의적으로 명명해도 된다.
전개	**2. 감정 나열** 5가지 감정의 수레바퀴에 정리된 감정들을 참고하여 단일감정, 복합감정, 양가감정 혹은 우선시되는 감정, 미룰 수 있는 감정 등 다양한 기준으로 감정을 나열해 본다. **3. 감정 선택** 나열한 감정 카드 중 나만의 감정 카드로 표현하고 싶은 감정들을 정리한다. **4. 감정 카드** 감정 카드 양식의 한쪽 면에는 언어로 자신이 느끼는 감정을 쓰고, 다른 한쪽 면에는 자신이 표현한 감정을 색깔이나 상징으로 표현한다.
정리	**5. 감정 카드 소개** 감정 카드의 내용과 감정 카드 만들기 작업 이후 느낌을 공유한다.
참고 사항	✎ 교실에서 진행될 경우 4~5명씩 모둠으로 진행해 모둠 안에서 감정 카드 만들기 공동 작업을 하고 이야기를 나눌 수 있다. ✎ 개인상담으로 진행될 경우 2번의 과정을 정리할 수 있게 조력할 수 있다.

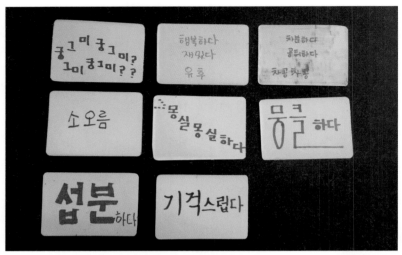

〈나만의 감정 카드 만들기〉 예시 1

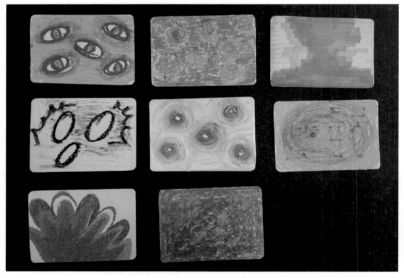

〈나만의 감정 카드 만들기〉 예시 2

언어로 직접 표현하기 힘들었던 감정들을 감정 카드에 표현하며 감정을 정리하였다. 감정 단어를 새롭게 만들고 싶은 경우에는 새로운 감정 이름으로 명명하는 활동도 함께 하였다. 언어로 표현한 감정 카드의 반대쪽에는 감정을 상징이나 색깔 등으로 표현하여 양면 감정 카드를 완성하였다. 뭉클하다, 소오름, 차공차공(차분함+공포), 섭분(섭섭함+분노)하다, 기걱(기쁨+걱정)스럽다 등의 감정 카드를 제작하였다.

Part **3**

주제별 프로그램

Part 3에서는 미술치료 프로그램을 주제별로 구성하여 교사들이 특성 이슈에 따라 활용할 수 있도록 제시한다. 교사는 교육 방향이나 수업 주제에 따라 다양한 주제별 미술치료 프로그램을 선택하여 수업에 활용할 수 있다. 교과전담교사로 교과 목적에서 학생들의 심리 · 정서적 영역의 함양을 돕고자 하거나 담임교사로 생활지도나 학급 내 소속감 고취 등의 영역에 활용할 수도 있다. 또한 상담 업무를 맡은 교사라면 주제와 감정을 종합하여 모듈 형식으로 활용할 수도 있다.

교우관계

청소년기의 발달 단계상 또래관계는 건강한 학교생활 혹은 청소년 생활을 영위하기 위해 강조되는 부분이다. 아이들은 공통된 화제를 가지고 또래와 소통하며, 우리라는 소속감을 또래 집단에서 느끼며, 갈등과 화해를 반복하며 관계의 질을 개선해 나간다. 미술 매체를 활용해 친구의 정의, 친구의 종류, 친구관계에서의 자신의 마음 등을 표현해 보는 경험은 친구관계를 재정립하는 기회를 제공해 줄 수 있다. 교우관계는 학생들의 청소년기 자아정체감 형성과 대인관계 기술에 영향을 줄 수 있다.

제목	마음의 문		
목표	◆ 자신의 마음을 편하게 하는 요소와 힘들게 하는 요소를 확인할 수 있다. ◆ 생각과 감정에 대한 상징적인 미술활동을 통해 감정의 해소를 경험할 수 있다.		
영역	정서조절 영역 정서활용 영역	핵심 역량	심미적 감성 역량 자기관리 역량 창의적 사고 역량
재료	8절 도화지, 연필 또는 펜, 오일파스텔, 아크릴 물감, 물티슈		

도입	**1. 마음의 문 만들기** 도화지를 접어 문이 열리는 모양을 만들 것이라고 설명한다. 먼저 도화지를 가로로 놓고 반으로 접는다. 다시 펼쳐서 반 접은 선에 맞춰 양쪽을 접어 준다. 양쪽으로 접은 부분이 문이 열리고 닫히는 것처럼 마음의 문을 완성한다. **2. 편안한 마음** 자신의 마음을 편안하게 하는 것들에는 어떤 것들이 있는지 문 안쪽 도화지에 펜으로 적어 본다. 예를 들어, 푹신한 침대, 달콤한 디저트, 자연, 친구들과 수다, 오락 등이 있을 수 있다.
전개	**3. 편안한 마음은 무슨 색일까?** 위에서 적은 내용들을 바탕으로 편안한 마음의 방을 채워 준다. 위에서 적은 내용들을 경험하거나 떠올릴 때 드는 편안한 마음을 색이나 이미지로 표현한다면 어떤 색일지 떠올린 후에 그 색(혹은 색들)을 오일파스텔로 자유롭게 칠해 준다. 색으로 가득 채워서 칠해도 좋고, 본인이 느끼는 편안하다는 느낌을 표현해 줄 이미지를 그려도 좋다. 편안하다고 느끼는 감정은 사람마다 다를 수 있다. 예를 들어, 누군가는 생각이 없고 편안하게 누워 있는 느낌, 누군가는 물속에서 자유롭게 유영하면서 흐르는 물의 느낌을 느낄 때의 느낌, 누군가는 만족감을 편안함으로 인식하기도 한다. 학생들 스스로 떠올린 편안함의 느낌을 자유롭게 표현할 수 있도록 격려한다. **4. 불편한 마음** 문 안쪽에 편안한 마음이 완성되면, 문을 닫고 문 위에 나의 편안함을 방해하는 것들, 즉 내 마음을 불편하게 하는 것들을 펜으로 적어 본다. 예를 들어 시험 스트레스, 게으름, 상처되는 말들 등이 있다. 4번의 과정을 연필이나 펜으로 적는 이유는 5번의 지우는 과정에서 잘 지워질 수 있도록 하기 위함이다. **5. 불편한 마음 지우기** 5번 과정은 문 바깥쪽에 적은 불편한 마음의 요소들을 지우는 과정이다. 문 안쪽에 표현한 편안한 마음을 그리는 데 사용된 주된 색 하나를 물감 중에서 고른다. 고른 물감을 짜고 손으로 문 위에 바른다. 물감으로 불편한 마음이 적힌 문 바깥쪽 부분을 다 덮어서 칠하는 과정이다. 붓 대신 손을 이용해서 핸드 페인팅을 적용한다. 손으로 쭉쭉 물감을 밀어 불편함의 요소를 지워 가는 상징적인 작업을 통해 감정의 해소를 경험할 수 있도록 한다. 색을 바꾸고 싶다면 준비된 물티슈로 손을 닦고 다른 색을 시도하도록 한다.

정리	**6. 마음의 문 공유하기** 모둠원끼리 돌아가면서 자신의 마음의 문을 소개한다. 마음의 문 안에 편안한 페이지는 어떤 느낌인지 이야기하고, 문 바깥에 불편한 마음에 적혀 있던 것들은 무엇인지 이야기한다. 그리고 편안한 색으로 덮고 나서 어떤 느낌인지 돌아가면서 이야기한다. **7. 응원의 말** 모둠원끼리 발표가 끝나면 어느 정도 마른 마음의 문 바깥쪽에 펜으로 자신 스스로를 응원하거나 격려하는 말을 적어 준다. 예를 들어, "괜찮아. 넌 충분해" 등 스스로 마음을 위로하고 편하게 할 수 있는 문장이나 단어라면 어떤 것이든 괜찮다. **8. 응원하기** 모둠원끼리 돌아가면서 문 앞에 적힌 응원의 말을 해 준다. 이때 각각 작품의 주인인 학생의 이름을 넣어서 돌아가면서 응원의 말을 반복해 주고 마지막은 스스로에게 소리 내어 응원해 준다.
참고 사항	✎ 재료 중 물감은 오일파스텔로도 대체 가능하고 긍정의 말을 적어 주는 대신 미리 〈긍정 문구〉 도안(도안 3)을 준비해 오려 붙여도 좋다. ✎ 교실에서 진행될 경우 4~5명씩 모둠으로 진행한다. 8번 소리 내서 응원하기는 쑥스러워하거나 민망해한다고 대충 넘어가지 않고 모두 참여할 수 있도록 격려 한다. ✎ 개인상담으로 진행될 경우 스스로 응원이나 격려의 말을 학생이 소리 내어 읽어 볼 수 있게 격려하고 그 이후에 교사가 학생의 이름을 넣어서 읽어 준다.

〈마음의 문〉 예시 1

내 마음을 편안하게 하는 것들로 예전에 방학 때 놀러갔던 여행지의 기적, 반려견, 집 앞의 공원 등을 떠올려서 표현했다.

〈마음의 문〉 예시 2

방문을 닫고 마음의 방문에는 파란색 물감이 칠해졌다. 자신을 불편하게 했던 시험에 대한 기억과 상처가 되었던 말들이 적힌 방문을 손에 물감을 묻혀 칠해서 덮어 주었다. 물감이 마르는 동안 자신이 느끼는 시원하고 편안한 감정의 파란색에 대해 설명하였고, 물감이 마른 후 스스로에게 보내는 응원의 메시지에 "넌 행복할 거야", "괜찮아 잘 할 수 있어"라고 적었다.

제목	나라는 꽃병 만들기

| 목표 | ◆ 자신의 긍정적인 특징을 이미지화하고 상징화 시켜봄으로써 자신의 강점을 구체화할 수 있다.
◆ 자신의 긍정적인 특징을 모둠 안에서 나누고 받아들여지는 경험을 통해 자존감을 향상시킬 수 있다. |

영역	정서표현 영역 정서활용 영역	핵심 역량	창의적 사고 역량 의사소통 역량(협력적 소통)

재료	색종이, 풀, 가위, 색연필, 사인펜, 마커, 휴지심, 철사 또는 얇은 우드스틱, 테이프

도입	**1. 재료 소개와 꽃병 만들기** 휴지심은 물감으로 칠하거나 재료들로 꾸며서 꽃병이 될 것이고, 나머지 재료들로 꽃을 만들어 줄 것임을 안내한다. 꽃을 만들 재료들을 소개해 주고 철사 혹은 우드스틱으로 꽃의 줄기를 만들고 색종이와 도화지에 나의 특징 꽃을 만들어 주도록 한다. 꽃병은 자신이 좋아하는 색이나 이미지 혹은 자신을 나타내는 이미지나 모양으로 자유롭게 꾸며 줄 수 있도록 한다. **2. 나의 장점 꽃 만들기** 자신의 장점들이 하나하나의 꽃이 될 것임을 안내한다. 자신의 장점을 상징화하거나 표현할 수 있는 꽃을 도화지나 색종이에 그리고 만들어서 철사 또는 우드스틱에 붙여 나의 장점 꽃을 만든다. 예를 들어, 자신의 장점이 '자유로운 사고'라면 바닷가에 떠 있는 배를 그려 자유로운 사고를 표현하거나, 바람이 자유롭게 부는 이미지를 그려서 표현할 수 있다. 혹은 아름다운 미소가 자신의 장점이라면 스마일을 그리거나 웃는 입 모양을 표현할 수도 있다.

전개	**3. 나라는 꽃병** 나의 장점 꽃들을 꽃병에 꽂아 준다. 휴지심 안쪽에 테이프로 줄기로 표현된 철사 또는 우드스틱을 붙여 준다.

정리	**4. 꽃병 소개** 돌아가면서 자신의 꽃병을 소개한다. 꽃병을 꾸민 색이나 이미지에 대한 설명하도록 하고, 어떤 장점 꽃들이 있고 어떻게 이미지화했는지 설명할 수 있도록 한다. 완성된 나라는 꽃병이 마음에 드는지 이야기해 본다.

참고 사항	✎ 교실에서 진행될 경우 4~5명씩 모둠으로 진행한다. 나의 장점 꽃 만들기에서 꽃의 개수는 최소 3개 이상 표현될 수 있도록 한다. ✎ 개인상담으로 진행될 경우 꽃의 개수는 다섯 개 이상 표현될 수 있도록 하고 자신의 장점을 찾기 어려워하는 학생이 있다면 교사가 생각하는 학생의 장점을 알려 주며 칭찬해 주고 그것을 표현해 볼 수 있도록 격려할 수도 있다.

〈나라는 꽃병 만들기〉 예시

자신의 가장 좋은 점으로 '웃음이 많다'를 스마일 이미지로 표현했다. 다양한 색상의 폼폼이를 붙여서 자신의 재미있는 성격을 표현했고, 친구들의 말을 잘 들어 주는 자신을 어미새로 표현했다. 꽃병은 화려한 것을 좋아한다고 하면서 금색 도트 무늬로 꾸민 후, 여성스러움을 강조하고 싶다며 마무리로 분홍색 털실을 리본으로 묶어 주었다.

제목	우리
목표	◆ 학급 안에서 서로에 대한 태도를 돌아보고 서로에게 미치는 영향을 확인할 수 있다. ◆ 자신과 친구의 관계, 그리고 주고받음에 대해 생각해 봄으로써 자신의 친구에 대한 생각과 행동을 변화시킬 수 있다.

영역	정서표현 영역 정서조절 영역	핵심 역량	의사소통 역량(협력적 소통) 공동체 역량

재료	A4 용지 혹은 노트, 펜, 〈긍정 문구〉 도안(도안 3)

도입	**1. 리스트 작성** 스스로 친구를 위해서 한 행동(아주 사소한 것도 포함)들을 준비된 종이에 나열하여 적는다. 친구가 된 날부터 현재까지의 시점을 행동의 기간으로 한다.
전개	**2. 강화하기** 작성된 리스트를 보고 스스로 한 행동에 대해 칭찬의 한마디를 적어 준다. 이때 참고할 수 있는 칭찬과 격려의 문구들을 교실 전체에 띄우거나, 〈긍정 문구〉 도안을 나누어 줄 수도 있다. 그다음 옆 사람에게 리스트를 넘긴다. 넘겨받은 옆 사람의 리스트를 보고 칭찬의 한마디를 적어 준다. 그리고 그 리스트의 주인인 학생이 자신을 위해 해 준 좋은 행동이 있었다면 리스트에 추가해서 적어 주고 칭찬의 한마디를 적어 준다. **3. 리스트 확인** 돌려받은 리스트에 어떤 변화가 있는지 살펴본다. －친구에 의해 추가된 리스트의 목록이 있나요? －있다면 자신이 한 행동이 기억이 나나요? －그 친구를 위한 행동이라고 인식하고 있던 행동인가요? －돌려받은 리스트를 보고 어떤 기분이 들었나요?
정리	**4. 추가 리스트** 돌려받은 리스트에 앞으로 행동하고 싶은 것이 있다면 생각해 보고 빠른 시간 안에 실천할 수 있을 것 같은 행동을 리스트에 추가해서 적는다. **5. 확인하기** 며칠 혹은 몇 주, 일정한 시간이 지난 이후에 4번의 추가 리스트에 적은 행동을 실천했는지 확인해 보는 시간을 가지고 3번의 과정을 반복한다.

참고
사항

✎ 교실에서 진행될 경우 4~6명씩 모둠으로 진행한다.

✎ 개인상담으로 진행될 경우 스스로 리스트 작성 후 칭찬의 한마디를 적어 주고 작업 이후 교사와 리스트를 살펴보고 혹시 앞으로 리스트에 추가하고 싶은 것이 있다면(학생이 자발적으로 편하게 실천해 볼 수 있는) 추가할 수 있도록 하고 추가한 이유에 대해 이야기해 본다. 그리고 일정 시간이 지난 이후에 추가 리스트를 가지고 다시 함께 이야기해 본다.

〈우리〉 예시

처음에는 친구를 위해 한 행동을 적으라는 말에 민망해하며 없다고 이야기했다. 아주 작은 사소한 것들도 괜찮다며 안내를 했고, 다양한 예시의 가이드와 함께 시간을 주었다. 한 명이 적기 시작하자 다른 모둠원들도 조금씩 적기 시작했다. 작업이 시작된 후 돌아가며 적는 과정에서 서로 민망해하며 웃기도 하고 "오~ 내가 그랬어?"라는 확인에 대한 질문과 다양한 대화들이 오갔다.

진로 탐색

    청소년기는 자신이 누구인지, 자신이 좋아하고 잘할 수 있는 것은 무엇인지를 찾아가는 시기이다. 따라서 자아정체감을 형성하는 청소년을 위해 앞으로의 삶의 방향을 탐색하는 과정은 중요하다. 교사는 아이들이 다각적인 시각으로 자신의 꿈을 찾을 수 있도록 도와줄 필요가 있다. 미술 매체를 활용해 자신이 표현하는 진로 탐색을 통해 학생들은 주위 환경의 영향을 어떻게 어느 정도까지 수용하고 있는지 또는 사회 속에서 얼마나 조화롭게 자신의 진로를 찾아가고 있는지에 대한 변화 과정을 점검할 수 있다.

제목	진로 가치 파이		
목표	◆ 스스로의 가치를 측정하는 것들의 우선순위를 탐색할 수 있다. ◆ 가치의 순위가 자신에게 미치고 있는 영향을 살펴봄으로써 가치의 크기들을 스스로에게 긍정적인 방향으로 변화시킬 수 있다.		
영역	정서조절 영역 정서활용 영역	핵심 역량	심미적 감성 역량 의사소통 역량(협력적 소통) 창의적 사고 역량
재료	A4 용지, 펜, 도화지, 오일파스텔, 색연필, 색종이, 가위, 풀		
도입	**1. 가치 리스트** 좋은 성적, 날씬하거나 키가 큰 외모, 화목한 가족, 취미활동, 센스 있는 성격 등 사람마다 가치 있다고 느끼는 요소들은 다양하고 주관적이라는 것을 설명해 준다. 이때 교사가 스스로의 가치 리스트를 미리 생각해 보고 예시로 이야기해 주는 것도 좋다. 준비된 A4 용지에 자신이 '가치 있다'라고 느끼는 여러 요소들의 가치 리스트를 1, 2, 3 등의 순위를 정해서 적어 보게 한다. **2. 가치 파이 그리기** 제공된 도화지에 오일파스텔로 도화지 가득 원을 그리도록 한다. 자신의 가치를 평가하는 요소들을 생각해 보고 그 비중에 따라 원을 나누도록 한다(하루 계획표, 시간표를 그리는 것처럼).		

전개	**3. 가치 파이 채우기** 나누어진 가치 파이의 각 칸 안에 들어갈 가치의 요소들을 글자가 아닌 이미지로 표현한다. 색종이에 상징화된 이미지를 그리고 오려서 가치 파이의 각 칸에 붙인다. 각 가치 파이의 요소는 누구나 알아볼 수 있도록 그리기보다는 스스로 상징화시켜서 그리는 것이 중요하다. 학생 스스로가 그림을 설명하기 전에는 어떤 가치의 요소들인지 알 수 없는 이미지의 형태여도 좋다는 것을 알려 준다. 자유롭게 가치의 요소들을 표현해 가치 파이를 완성한다.
정리	**4. 가치 파이 소개하기** 자신의 가치 파이에는 어떤 요소들이 있는지 각자 발표한다. 자신을 대표하는 가치는 무엇이며 스스로가 중요하다고 생각하는 가치가 무엇인지 공유한다. **5. 생각해 보기** 아래의 질문에 대한 자신의 생각과 느낌을 공유한다. －나의 가치 파이 안에 있는 요소들과 그 비중이 마음에 드나요? －마음에 들지 않는다면 어떤 요소를 바꾸거나 비중을 어떻게 바꾸고 싶은가요? －이 가치 파이의 요소들이 지금의 나에게 어떤 영향을 미치고 있나요? －상대방의(다른 모둠원들의) 가치 파이를 보고 공감되거나, 나에게 긍정적인 가치라고 생각되는 것이 있나요? (이 질문의 답을 들은 상대방은 그 이야기를 듣고 어떻게 느끼는지 대답해 줄 수 있도록 한다.)
참고 사항	✎ 교실에서 진행될 경우 2명씩 짝을 이루어 5번 생각해 보기 질문을 서로 해 주거나, 4~5명씩 모둠을 이룰 경우 질문이 적힌 설문지에 각자 답을 적어 보고 각 문항당 어떤 답들을 했는지 돌아가며 이야기해 보도록 한다. ✎ 개인상담으로 진행될 경우 5번의 생각해 보기의 질문은 교사가 할 수 있도록 한다.

〈진로 가치 파이〉 예시

학생이 가장 크게 표현한 것은 학사모, 자동차, 집이 그려진 칸이었다. '남들이 보기에 번듯한 모습'이 자신에게 는 중요하다고 설명했다. 하트가 그려진 사람은 자신이 사랑하는 사람에게 당당한 모습이기를 희망하는 의미이 며, 노란색의 시계는 일을 하면서 나의 개인 시간도 쓸 수 있는 워라밸이 지켜지는 진로를 꿈꾼다고 이야기했다. 빨간 입술은 일을 함께하는 동료들과 갈등이 많지 않았으면 좋겠다는 소망을 비췄고, 멋진 커리어우먼이 되어 '자기관리를 잘하는 여성'이 되기를 희망한다고 설명했다.

제목	진로 그래프
목표	◆ 그동안 자신의 삶을 돌아보며 중요하다고 생각되는 시점이나 상황에 대해 표현할 수 있다. ◆ 어떤 기준에 의해서 그것이 중요한 시점이나 상황이라고 생각하는지 알아봄으로써 앞으로의 진로에 대한 미래의 방향과 계획을 설계할 수 있다.
영역	정서조절 영역 정서활용 영역 **핵심 역량** 창의적 사고 역량 자기관리 역량
재료	A4크기 도화지, 펜 또는 연필, 색연필, 교육용 패드
도입	**1. 인생 그래프** 첫 번째 그래프는 어린 시절 기억이 나는 순간부터 지금 현재까지가 그래프의 기간이다. 중간 중간 기억에 남는 이벤트나 자신의 인생에 중요했던 순간들을 체크하고 그래프로 그려 본다. 도화지 중간에 일직선을 긋고 각 시점에 점을 찍어 좋았던 시절과 힘들었던 것에 따라서 그래프를 그려 본다. **2. 인생 그래프 보기** 완성된 인생 그래프를 통해 스스로에게 중요했던 순간들이나 가치를 확인해 보고 서로 소개한다.
전개	**3. 진로 그래프** 두 번째 A4 크기의 도화지에는 2번을 통해 확인한 내용들을 토대로 앞으로 자신이 살아가고 싶은 미래 진로 그래프를 그린다. 글의 내용과 어울리는 간단한 이미지나 색을 추가해서 완성해도 좋다. **4. 진로탐색** 이때 미래에 구체적인 진로 탐색을 위해서 교육용 패드를 사용해서 검색해 볼 수 있도록 한다.
정리	**5. 소개하기** 미래 진로 그래프를 완성하고 소개한다.
참고 사항	✎ 교실에서 진행될 경우 4~5명씩 모둠으로 진행한다. ✎ 개인상담으로 진행될 경우 2번과 5번의 단계에서 교사에게 내용을 공유한다. ✎ 교육용 패드를 사용할 때 프로그램에 불필요한 검색은 하지 않도록 주의한다.

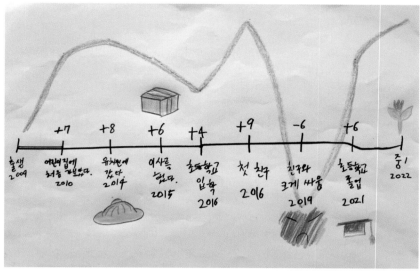

〈진로 그래프〉예시 1

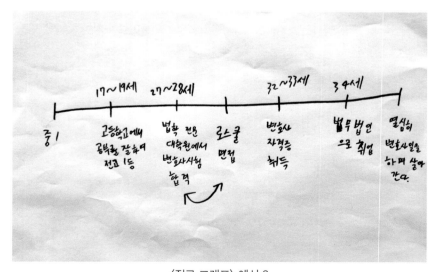

〈진로 그래프〉예시 2

인생 그래프(진로 그래프 예시 1) 작업을 통해 중요하게 생각한 사건과 그 가치에 대해 확인하였다. 이를 바탕으로 미래의 진로 그래프를 완성하였다. 이사와 가족의 완전한 결합, 친구들과의 싸움의 경험 등을 통해 "사람들을 정의롭게 지킬 수 있는 변호사가 되고 싶어요"라는 장래희망을 이끌어 내었다.

제목	소망 티켓
목표	◆ 스트레스나 심리적인 문제들을 해결하기 위한 자신만의 힐링법을 구체화할 수 있다. ◆ 미래의 자신의 소망을 이루는 과정에서 발생하는 스트레스 관리 방법을 배울 수 있다.

영역	정서인식 영역 정서조절 영역	핵심 역량	심미적 감성 역량 자기관리 역량 지식정보 처리 역량

재료	노트, 연필 혹은 펜, 티켓 모양의 도화지(입장권 모양의 직사각형), 스티커, 마커, 색연필

도입	**1. 나의 마음은 언제 힘들까** 평소 스트레스를 받거나, 심리적인 압박을 느낄 때 혹은 우울감이나 불안감 등을 느낄 때가 언제인지 구체적으로 떠올려 보고 노트에 적어 보게 한다. 예를 들어, 시험에 대한 부담감이 스트레스인 시험 하루 전날, 부모님과의 갈등 후 혹은 꾸지람을 듣고 난 다음 등으로 구체적인 상황을 떠올릴 수 있다. **2. 나만의 힐링법** 1번의 과정에서 찾아낸 상황을 마주할 때 나의 기분을 풀어 주고 마음을 가볍게 해 줄 수 있는 나만의 힐링법을 생각해 본다. 노트에 적힌 각 상황들마다 각각 다른 힐링법을 찾아내 볼 수 있도록 한다. 예를 들어, 불안하고 스트레스 받은 시험 전날 반신욕 하기, 부모님과의 갈등 후 친구와 맛있는 음식 먹기 혹은 땀 흘리는 운동하기 등이 있다. 2번의 과정에서 스트레스를 관리하며 나의 소망, 미래의 꿈을 이루기 위한 방법을 표현할 수 있다.
전개	**3. 소망 티켓 만들기** 1, 2번의 과정을 통해 찾아낸 나의 힐링 방법들을 포함한 소망 티켓을 만든다. 티켓 모양의 도화지의 한쪽 끝 면에는 절취선을 만들어 준다. 절취선 한쪽 면에는 나만의 힐링 방법들을 주어진 재료들로 자유롭게 그리고 꾸미고 다른 쪽 면에는 입장권이라고 적고 꾸며 준다.
정리	**4. 소망 티켓 선물하기** 입장권을 끊어서 들어가는 것처럼 학생 스스로 심리적인 힘든 상황일 때 힐링 티켓을 사용할 수 있도록 힐링 티켓을 스스로에게 선물한다. **5. 소망 티켓 내용과 추가** 다른 친구들의 힐링 티켓 내용을 들어보고 자신의 힐링 티켓에 추가하고 싶은 것이 있다면 더 추가해서 그리거나 꾸밀 수 있도록 한다.

✎ 교실에서 진행될 경우 4~5명씩 모둠을 이루어 각자의 스트레스 상황은 어떤 상황인지 나누어 보고 공감되는 부분이 있다면 함께 나누어 보도록 한다. 그리고 스스로 선물한 소망 티켓에는 어떤 내용들이 있는지 공유해 본다.

✎ 개인상담으로 진행될 경우 힐링이 필요한 상황을 스스로 탐색하고 적어 보게 하고 그에 맞는 자신만의 힐링 방법을 설명해 줄 수 있도록 한다. 각 상황의 힐링법이 왜 그 학생에게 힐링이 되는지 이유를 들어보고 적절한 힐링법인지 함께 이야기 나누어 볼 수 있다.

✎ 나만의 힐링법을 통해 스트레스를 관리할 수 있고, 이를 바탕으로 자신의 꿈, 자신의 소망을 이루기 위한 방법을 탐색해 볼 수 있다.

〈소망 티켓〉 예시

평소 통통한 몸매 때문에 다이어트를 자주 하지만 굶고 폭식하는 것이 반복되어 오히려 살이 빠지지도 않고 찌기만 하는 것이 스트레스라고 설명한 이 학생은 처음 자신에게 필요한 것으로 '살찐 내 자신도 아껴 주기'를 적었다. 자연풀잎과 꽃으로 만들어진 스티커를 티켓에 붙이며 '자연스러운 나 자신을 사랑하는 것'이 행복을 위해 꼭 필요하다고 설명했다.

가족

가족 내의 갈등은 학생들이 학업을 이어가는 데 있어서 저해 요인으로 작용된다. 이는 학교 생활을 위축되게 만들기도 하고 공부를 방해하는 요소가 되기도 한다. 자기주도적 학습력을 고취시키기 위해서는 심리·정서적 어려움을 해소해 주는 것이 필요하다. 그렇기에 가족 간의 문제를 미술 매체를 활용하여 방어 없이 표현하고 학생 개개인의 기준으로 정리할 수 있도록 도와줄 필요가 있다.

가족은 학생에게 가장 큰 지지의 집단이 되기도 하지만, 그렇지 않은 가족관계도 존재한다.

만약 학생이 가족으로부터 부정적 경험만을 하고 있다면, 성인의 관점에서 일방적으로 학생이 가족과 좋은 관계를 유지하도록 격려해서는 안 될 것이다. 더 나아가 학생이 가정 폭력 등 위기 상황에 노출되어 있지 않은지도 확인해 볼 필요가 있다. 또한 학생들이 가족과 경험했던 시간들 중 긍정적인 부분을 축소하고, 부정적인 부분을 확대하여 받아들이는 인지왜곡이 있다면 교사는 이를 객관적으로 접근할 수 있도록 기회를 제공해 줄 수도 있다.

제목	격려		
목표	◆ 가족 구성원에게 영향을 받는 부분을 확인하고 가족의 의도와 패턴이 서로 다르게 표현될 수 있음을 이해할 수 있다. ◆ 가족 구성원의 영향을 받은 부분을 확인하고 변형하는 상징적인 작업을 통해 스스로를 보호하고 치유하는 경험을 할 수 있다.		
영역	정서인식 영역 정서활용 영역	핵심 역량	심미적 감성 역량 공동체 역량
재료	〈신체상 도안〉 (도안 6), 색연필, 색종이 또는 메모지, 풀		
도입	1. 우리 가족은 사람 외곽선이 그려진 종이 위에 평소에 자신을 응원하고 지지해 주는 가족 구성원을 그 사람을 나타내는 상징물이나 색, 이미지로 그려 본다.		

전개	**2. 가족과의 소통 I** 이미지 주변에 그 사람이 자신에게 자주 했던 말, 행동, 자주 전달해 준 감정 등을 색연필로 적고 칠해서 표현해 준다. **3. 가족과의 소통 II** 다음 도안에는 비록 자신의 인생에 많은 역할을 하고 있지만 자신은 이해할 수 없었던 가족 구성원을 떠올려서 그려 본다. 2번과 동일하게 이미지 주변에 그 사람이 자신에게 자주 했던 말, 행동, 자주 전달해 준 감정 등을 색연필로 적고 칠해서 표현해 준다.
정리	**4. 가족 소개하기** 완성된 두 장의 도안을 공유하고 스스로에게 긍정적인 영향을 주고 자존감 향상에 도움을 주는 사람과 부정적인 영향을 주고 부정적인 상황을 만들어 내는 사람을 발견해 본다. 누가 자신에게 도움이 되고 교훈을 주는 사람이고, 누가 자신에게 상처를 주고 방어해야 할 사람인지 이야기해 볼 수 있도록 한다. **5. 가족과의 재소통** 3번에서 표현된 가족 구성원으로부터 스스로를 보호할 수 있는 말과 생각을 4번을 통해 확인하고, 색종이(메모지)에 적어 도안 위에 덮어서 붙여 준다.
참고 사항	✎ 교실에서 진행될 경우 2명씩 짝을 이루어 대화할 수 있도록 한다. ✎ 개인상담으로 진행될 경우 교사와 4번의 과정을 공유한다.

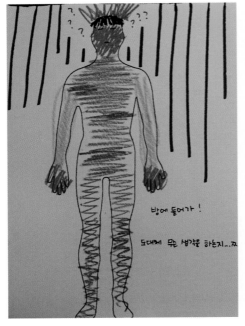

〈격려〉예시 1

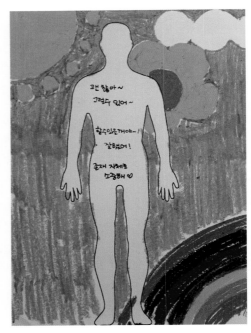

〈격려〉예시 2

이 학생은 이해할 수 없는 가족으로 아버지를 선택했다. 아버지는 자신이 무엇을 좋아하는지, 무슨 생각을 하는지에 대해 관심도 없으면서 소리만 치고 화가 난 태도를 자주 보인다고 이야기했다. 반면에 어머니는 늘 따뜻한 태도로 학생을 응원해 주어서 대부분의 정서적 지지는 어머니로부터 받는다고 설명했다.

제목	**나의 가족은**
목표	◆ 가족 구성원의 말이나 행동, 태도를 통해 스스로가 어떤 영향을 받고 있는지 확인할 수 있다. ◆ 미술 작업을 통해 가족관계 속 감정과 생각을 간접 경험하고 조절할 수 있다.
영역	정서인식 영역 정서조절 영역　　　**핵심 역량**　심미적 감성 역량 　　　　　　　　　　　　　　　　공동체 역량
재료	〈나의 가족에게〉 도안(도안 13), 〈옆얼굴〉 도안(도안 5), 도화지, 펜, 색연필, 오일파스텔, 가위, 풀
도입	1. 나의 가족 〈나의 가족에게〉 도안 작업을 한다.
전개	2. 나의 가족 그리기 1번의 도안에서 등장한 가족 구성원을 〈옆얼굴〉 도안에 각각 그린다. 그리는 가족 구성원의 명수는 제한이 없다. 완성된 도안을 오려서 도화지에 붙이고 1번의 도안의 내용을 도화지에 표현한다.
정리	3. 가족 소개하기 완성된 작품을 돌아가면서 소개한다. 어떤 가족 구성원을 그렸고, 왜 그렇게 표현했는지, 자신이 어떤 가족 구성원에게 어떤 것을 바라고 어떤 영향을 받고 있는지 이야기한다. 4. 나에게 쓰는 편지 오늘 프로그램을 통해 스스로가 듣고 싶었던 말을 확인하고, 이 내용을 스스로에게 편지로 써 준다. 완성된 편지를 모둠 내에서 소리 내어 읽어 준다.
참고 사항	✎ 소리 내어 읽는 작업은 스스로에게 들려준다라는 상징적인 의미가 있다. ✎ 교실에서 진행될 경우 2~4명씩 모둠을 이루어 공유할 수 있도록 한다. ✎ 개인상담으로 진행될 경우 교사와 3번의 과정을 공유한다.

〈나의 가족은〉 예시 1

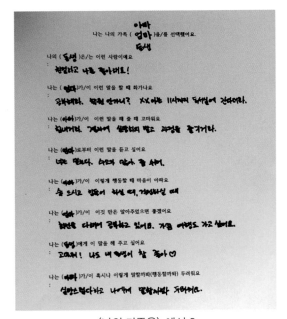

〈나의 가족은〉 예시 2

가족들이 나에게 했던 말을 정리해 봄으로써 가족에게 받고 있는 긍정적 혹은 부정적 영향을 확인하였다. 학원 등원이나 공부에 대한 피드백에 대해서는 "붉은색과 검은색을 사용하여 화난 분노의 감정을 표현했어요"라고 표현하였다. '수고한다, 쉬면서 공부해, 도와줄 일 있어?' 등의 언어적 표현을 통해서는 "기쁘고 챙김 받는 마음이 들어서 다양한 색깔을 사용하여 표현했어요"라며 긍정적 영향을 색과 상징으로 완성하였다.

제목	물고기 가족화
목표	◆ 상징적인 그림을 통해 가족 내의 역동성을 찾아봄으로써 자신의 내면과 현재의 갈등을 분석할 수 있다. ◆ 가족관계의 역동성, 또래와 사회와의 관계를 파악하고 현재 자신이 겪고 있는 심리적 갈등을 일으키는 주제를 파악할 수 있다.

영역	정서인식 영역 정서활용 영역	핵심 역량	심미적 감성 역량 공통체 역량

재료	〈어항〉 도안(도안 14), 색연필
도입	**1. 물고기 가족** 〈어항〉 도안에 물고기 가족을 그린다. 자신을 포함하여 가족들이 무엇인가 하고 있는 그림을 그린다. 어항 속 풍경과 어항 밖의 배경은 자유롭게 꾸밀 수 있도록 한다. 물고기의 수는 자신의 가족 수와 일치시킨다.
전개	**2. 물고기 가족은 뭘 하고 있을까** 물고기를 그린 순서를 물고기 옆에 적고, 각 물고기가 누구인지도 함께 적도록 한다. 각각의 물고기가 지금 무엇을 하고 있는지 간단히 적는다. **3. 물고기 가족 소개** 완성된 물고기 가족 그림을 조별로 소개할 수 있도록 한다.
정리	**4. 물고기 가족화 설명** 물고기 가족화에서 각 요소가 어떤 의미를 가지는지에 대해 교사가 설명해 준다.
참고 사항	**물고기 가족화에 대한 설명** "이 해석 내용은 통계에 근거하고 개인별로 표현의 다름이 있기 때문에 100% 맞지 않을 수 있음"에 대해 반드시 설명한다. －**물고기의 방향**: 물고기 그림은 가족 그리기 검사처럼 어항 속에 칸을 치거나 구획을 나눠 그리지는 않지만, 물고기가 바라보는 방향성에 따라 학생들이 생각하는 마음속 가족의 '편'을 알아볼 수 있다. 예를 들어, 엄마 물고기, 아빠 물고기, 오빠 물고기는 왼쪽을 향하고 있는데, 본인 물고기만 오른쪽을 향하고 있다면 가족 내에서 학생이 소외감을 느끼고 있을 가능성이 있으니 주의를 기울일 필요가 있다. －**물고기의 순서**: 학생이 생각하는 중요도의 순서를 나타낸다.

–**어항 안의 집**: 이미 어항이 집임에도 불구하고 집을 필요로 하고 있다. 집이 편안한 공간이 아니라고 인식되거나 가족 구성원 중 불편한 사람이 있어 숨고 싶음을 나타내기도 한다.

–**분리된 구조**: 물풀이나 기타 구조로 특정 가족을 구분했을 경우, 해당 가족과 심리적으로 거리가 있음을 암시한다.

–**빛, 물고기 밥, 수조 정화기**: 현재의 가족이 따뜻하게 보호받고, 필요한 것들이 잘 공급되고 있음을 나타낸다.

–**물의 높이**: 물은 물고기가 살아가는 데 아주 중요하다. 물고기가 숨을 쉬고 생명을 유지하고 음식을 섭취하는 공간이다. 그렇기에 물을 충분하게 그린 학생은 집을 안전한 곳으로 느끼고 있지만, 물이 너무 부족하게 그려진 경우, 학생이 집에 가지는 안정감이 부족한 경우일 수 있다.

–**물고기의 종류**: 학생이 그린 물고기의 표정이나 모습을 관찰하도록 한다. 예를 들어, 아버지가 엄하고 종종 매를 들었을 경우 아빠 물고기는 이빨이 뾰족하고 지느러미도 뾰족하게 그리기도 하고, 때론 평범한 물고기 이미지로 그리고 나서 설명을 할 때, 상어라고 설명하는 경우도 있다.

〈물고기 가족화〉예시

엄마와 자신을 가장 가까이에 그린 이 학생은 어머니와의 관계는 좋으나 아버지와는 크게 교류가 없다고 설명했다. 아버지는 다른 방향을 보이고 있고, 학생과도 거리가 멀게 그려져 있다. 동생 물고기의 경우 수초가 두 번 공간을 나누고 그다음 구석에 그려져 있는데, 동생이 자신보다 공부를 잘하고, 부모님으로부터 더 사랑받는 느낌 때문에 동생에게 자주 질투를 하고, 그런 자신의 모습이 가끔 한심하다고 설명했다.

학교 폭력

학교 폭력의 상처는 피해자, 가해자, 방관자인 학생 모두에게 어려움을 가져온다. 교사 역시 학교 폭력 피해로부터 상처를 받게 되며, 이 상처는 예상보다 훨씬 오래 지속될 수도 있다. 그렇기에 겉으로 쉽게 드러나지 않은 학생의 마음을 좀 더 깊게 이해하고 헤아리는 것은 중요하다.

학교 폭력으로 인한 극도의 심리 · 정서적 어려움은 등교 거부로 이어질 수 있는 만큼 학교 폭력 피해학생에 대한 마음 돌봄에는 각별한 관심이 필요하다. 학교에서 다양한 형태로 고통받는 학생들의 마음은 미술로 표현하는 작업을 통해 드러나기도 한다. 이를 세심하게 살핀다면 더 우려스러운 상황이 되기 이전에 학생의 마음을 돌볼 수 있는 기회가 될 것이다.

제목	나를 괴롭게 하는 것		
목표	◆ 어려움을 겪고 있는 심리 · 정서적 요소를 확인해 보고 그 요소들을 상징적으로 제거하는 작업을 통해 감정의 해소를 경험할 수 있다. ◆ 그리기와 만들기, 던지기의 작업 과정을 통해 감정의 승화를 경험할 수 있다.		
영역	정서인식 영역 정서표현 영역	핵심 역량	심미적 감성 역량 자기관리 역량
재료	색종이 혹은 얇은 종이 여러 장, 마커 또는 사인펜, 테이프, 휴지통 혹은 종이 박스		
도입	1. 나를 괴롭게 하는 것들 준비된 색종이 혹은 종이에 자신을 심리적 혹은 정서적으로 괴롭히는 것들을 각 장에 모두 적는다. 자신을 괴롭게 하는 것들에는 과거의 안 좋은 경험이나 기억, 현재의 스트레스 요소, 미래의 불안감 등이 모두 포함된다. 시간을 충분히 주고 구체적으로 여러 가지 적어 볼 수 있도록 한다.		
전개	2. 제거하기 1번에서 적은 종이들을 손으로 찢는다. 대충 한 번 두 번 정도 크게 찢은 이후에 아주 작은 조각으로 다시 찢는다. 종이를 찢기 전에 이 요소들이 정말 제거 되면 좋겠다는 마음을 담아 찢는 상징적인 행동이라고 설명해 준다.		

	3. 뭉치기 작은 조각들로 찢어진 종이들을 꾹꾹 구겨서 뭉친 후에 테이프로 꽉 감아서 동그란 공의 모양으로 만든다.
정리	4. 휴지통에 골인 모둠별로 한 개의 휴지통 혹은 종이 박스를 준비한다. 준비된 휴지통 혹은 종이 박스에 뭉친 종이 공을 던져서 버린다. 버릴 때 혹은 버리고 나서 "안녕!!! 다신 보지 말자~!", "나는 할 수 있다!" 등의 멘트를 외친다.
참고 사항	✎ 교실에서 진행될 경우 4번의 활동은 모둠으로 진행한다. 모둠 인원 수는 학급인원 수와 물리적 공간에 따라 총 2개에서 3개의 모둠으로 나뉠 수 있다. 휴지통에 골인 작업을 할 때에는 일어서서 돌아가면서 뭉친 종이 공을 던질 수 있도록 한다. ✎ 개인상담으로 진행될 경우, 1번의 과정에서 적힌 내용들을 함께 보고 학생이 괴롭다고 느끼는 상황과 이야기들은 들어주고 공감해 준다. 4번의 활동 역시 상담실에 준비된 감정 쓰레기통에 학생이 일어서서 활동적으로 골인 행동을 할 수 있도록 격려한다.

〈나를 괴롭게 하는 것〉 예시 1

〈나를 괴롭게 하는 것〉예시 2

〈나를 괴롭게 하는 것〉예시 3

힘들었던 학교 폭력의 경험에서 느꼈던 신체적·심리적 반응을 글자로 표현해 봄으로써 "이렇게 어려운 경험들을 잘 견뎌내고 있어요"라며 그 마음을 정리하였다. 힘들었던 감정을 승화시키는 의미로 종이를 찢어서 공으로 만들어 쓰레기통에 버렸다.

제목	**나의 안과 밖**		
목표	◆ 가면 작업을 통해 자신만 아는 내면의 모습과 겉으로 보여지는 모습을 표현해 봄으로써 현재의 마음과 생각을 확인할 수 있다. ◆ 자신의 안과 밖을 표현해 봄으로써 자기 표현의 기회를 가짐으로 감정의 전환을 경험할 수 있다.		
영역	정서인식 영역 정서표현 영역	핵심 역량	심미적 감성 역량 자기관리 역량
재료	〈가면〉 도안(도안 15), 오일파스텔, 마커, 색연필, 잡지, 가위, 풀		
도입	**1. 내 모습이란** '내 모습'이라는 주제로 이야기를 나누어 본다. 예를 들어, 내가 보는 나는 어떤 이미지이고, 타인이 보는 나는 어떤 이미지 일까 등이 있다. 그리고 내면의 모습의 의미를 설명해 준다.		
전개	**2. 나만 아는 나의 모습** 준비된 〈가면〉 도안에 나만 아는 나의 모습을 꾸민다. 잡지에서 이미지나 문장들을 탐색해 보면서 필요한 이미지들을 찾아 붙이거나, 오일파스텔이나 색연필, 마커들로 직접 꾸며도 좋다. 나만 아는 나의 모습은 내면의 모습들이다. 예를 들면 의외로 겁이 많은 나, 스스로에게 무뚝뚝한 나, 섬세하고 예민한 부분 혹은 의외의 취향들도 괜찮다. 꼭 나만 알고 있는 비밀을 표현하지 않더라도 '사람들은 잘 모르지만 나는 이런 모습도 있다'고 이야기하고 싶은 모습도 괜찮다. **3. 보여지는 나의 모습** 2번에서 작업한 가면의 뒷면에는 사람들에게 보여지는 자신의 모습을 표현한다. 사람들이 주로 자신을 어떤 학생으로 보는지, 어떤 성격이나 모습으로 보여지는지 생각해 보고 뒷면에 표현해 보도록 한다. 글로 적어도 좋고 역시 이미지를 이용해 꾸미거나 붙여도 좋다.		
정리	**4. 가면 소개** 완성된 가면을 소개한다. 먼저 2번 가면에 표현된 나만 아는 나의 모습을 소개한다. 이때 나만 아는 나의 모습 중에서 공개적으로 이야기하고 싶지 않은 부분이 있다면 패스하고 넘어가도 좋다. 다음으로 3번의 가면에 보여지는 나의 모습을 소개한다. 보여지는 자신의 모습을 이야기하기 전에, 어떤 모습을 표현 했을지 미리 모둠원들에게 질문해 보면서 실제 그 모습을 자신이 표현했는지 확인해 보는 것도 추천한다. 모둠원들에게서 나온 자신의 보여지는 이미지와 자신이 인식하고 표현한 보여지는 나의 이미지가 얼마나 일치하는지 확인해 본다.		

✎ 잡지나 콜라주를 사용하는 활동은 그리기로 대체할 수 있다.

✎ 교실에서 진행될 경우 3~4명씩 모둠으로 진행한다. 나만 아는 나의 모습은 본인만 알 수 있게 상징적으로 표현하고 나중에 소개할 때 꼭 이야기하지 않아도 괜찮다고 미리 알려 줘서 솔직한 자기 표현을 해 볼 수 있도록 격려한다. 나만 아는 나의 모습 중에 소개하고 싶지 않은 부분을 패스하고 넘어갈 때 다른 학생들이 유추하거나 어떤 모습인지 계속 질문하지 않도록 한다.

✎ 개인상담으로 진행될 경우 보여지는 나의 모습이 어떻게 보일지 질문해 볼 다른 학생들이 없기 때문에 그 부분은 생략한다. 대신 보여지는 나의 모습과 나만 아는 나의 모습 중 어떤 차이들이 있는지, 스스로 어떤 모습이 좋은지, 별로인지 등 구체적인 질문들을 통해 이야기를 나누어 볼 수 있도록 한다.

〈나의 안과 밖〉 예시

자신의 밖으로 보이는 모습에는 무표정에 단정한 머리, 그리고 이어폰을 늘 끼고 있어서 다른 학생들과 교류가 크게 없는 모습을 표현했다. 그러나 실제로 자신은 개구쟁이에 장난치는 것도 좋아하고 피에로처럼 사람들로부터 주목받는 것도 좋아한다고 이야기했다. 그러나 그런 모습은 이제 고등학생이 된 지금에 어울리지 않는다고 생각하여 어른스러운 모습을 보이려 애쓴다고 설명했다.

수업 거부(학습문제)

　학생들은 환경 적응의 어려움, 관계의 어려움, 주의집중이나 학습 방법의 어려움, 신체 발달의 문제, 수면장애 등 다양한 이유로 학습문제를 호소하고 때로는 수업 참여를 거부하기도 한다. 수업에 참여하고 있더라도 그 시간에 집중하기는 쉽지 않을 수 있다. 미술 매체를 활용하여 자신에 대해 표현함으로써 학생들은 자신의 학습문제를 점검해 보는 시간을 가질 수 있다. 이 경험은 스스로 자신의 원인을 알아내고 이를 해결할 수 있는 기회가 되기도 한다.

제목	**공급과 고갈**		
목표	◆ 스스로를 고갈시키고 공급해 주는 요소를 탐색해 보고 해소할 방법을 찾을 수 있다. ◆ 선물 받기 작업을 통해 응원과 격려를 경험함으로써 소속감을 함양할 수 있다.		
영역	정서인식 영역 정서활용 영역	핵심 역량	공동체 역량 자기관리 역량
재료	도화지, 오일파스텔, 색연필, 〈선물상자〉 도안(도안 16)		
도입	1. (에너지를 주는) 공급과 (에너지를 뺏는) 고갈의 원 도화지를 나누어 주고 두 개의 큰 원을 교차해서 그리도록 한다. 왼쪽 원 안에는 자신에게 공급을 주는 활동을, 오른쪽 원 안에는 자신을 고갈시키는 활동을 이미지로 그린다. 자신에게 공급을 주면서 동시에 고갈시키기도 하는 요소는 교집합 부분에 그린다. 공급 활동의 예시로는 운동하기, 그림 그리기, 책 읽기, 친구 만나기, 음악 듣기, 노래 부르기, 따뜻한 물에 샤워하기, 유튜브 시청하기, 춤추기, 쇼핑하기 등이 있다. 고갈 활동의 예시로는 친구와의 갈등, 과도한 숙제, 성적 향상에 대한 부담감, 덥고 추운 날씨 등이 있다. 중간 영역의 활동으로는 방 청소, 대인관계 이어 가기, 공부하기 등이 있다.		
전개	2. 나의 공급과 고갈 소개하기 완성된 그림을 보고 서로의 공급 활동과 고갈 활동에 대해서 이야기해 본다.		

정리	**3. 선물하기** 한 명에게 자신을 포함한 모둠원 수만큼의 〈선물〉 도안을 준다(예를 들어, 모둠원이 5명이면 1인당 5장). 첫 선물 도안에는 스스로에게 주고 싶은 선물을 그려 넣는다. 그리고 나머지 선물 도안에는 다른 모둠원의 공급과 고갈 설명을 듣고 난 후 선물해 주고 싶은 것들을 그린 후 선물하도록 한다. 선물은 문화상품권, 최신 휴대전화와 이어폰 등과 같이 현실적이고 물질적인 것일 수 있지만, 여행이나 이성친구, 휴식시간 등과 같이 시간, 공간, 느낌, 사람, 상황 등 모든 것을 줄 수 있다. **4. 선물 확인하기** 자기 자신에게 준 선물, 그리고 모둠원들에게 준 선물을 설명하고, 이 선물을 선택한 이유에 대해서도 이야기하도록 한다. **5. 고마움 표현하기** 각각 선물을 받은 기분을 돌아가며 물어보고 고마움을 서로에게 표현한다.
참고 사항	✎ 교실에서 진행될 경우 4~5명씩 모둠으로 진행한다. 선물 주기에서 선물을 현실적인 선물보다 상상력을 동원한 맞춤 선물을 줄 수 있도록 예시를 들어주고 격려한다. 5번의 과정에서 서로 어색해하며 넘어가지 않도록, 한 명씩 표현할 수 있도록 격려한다. ✎ 개인상담으로 진행될 경우 3번 선물 주기를 교사가 학생에게 해 준다.

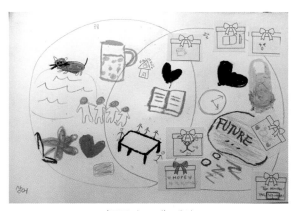

〈공급과 고갈〉 예시

고양이를 키우는 이 학생은 집에 들어가면 자신을 따뜻하게 반겨 주는 고양이가 자신에게 최고의 공급 요소라고 설명하였다. 공부하다가 엄마가 타 주는 레몬에이드를 정말 좋아하여 공급에 넣었는데, 친구와 공부는 중간 영역에 들어 있다. 친구들과 관계가 좋을 때는 너무 재미있고 좋은데, 조금이라도 관계가 틀어지면 그것이 너무나 큰 스트레스로 다가오기 때문이다. 고갈의 요소로는 미래에 대한 걱정과 시간에 쫓기는 마음을 그려냈다.

제목	**미래상 콜라주**
목표	◆ 학생 스스로 미래의 자신의 모습을 시각화해서 표현해 봄으로써 막연한 미래에 대한 자신의 모습을 구체화시켜 볼 수 있다. ◆ 콜라주 작업을 통해 학생에게 맞는 긍정적인 미래상을 계획해 볼 수 있다.

영역	정서인식 영역 정서표현 영역	**핵심 역량**	심미적 감성 역량 자기관리 역량

재료	도화지, 잡지, 색종이, 풀, 가위

도입	**1. 미래의 형용사 이름 만들기** 자신을 표현할 수 있는 형용사를 떠올리게 한다. 현재의 자신의 모습보다는 미래의 자신의 모습을 떠올려 어울리는 형용사를 고르고, 그 단어와 자신의 이름을 조합하여 도화지 맨 위에 적는다 (예: 행복할 ○○○, 더 건강해질 ○○○).

전개	**2. 자화상 콜라주 만들기** 형용사로 표현된 자신의 미래 모습과 연관된 이미지나 글들을 잡지에서 찾아본다. 찾아낸 이미지와 글들을 오리고 도화지에 붙여 미래상 콜라주를 만든다. 꼭 사람의 모습뿐만 아니라 주변 환경이나 느낌, 인물을 같이 넣어도 좋다. **3. 구체화하기** 자화상 표현이 완성되면 몇 년 뒤 자신의 모습인지, 어떤 상태인지, 누구와 함께 있는지 등 구체적인 모습을 떠올리게 한다.

정리	**4. 미래 자화상 소개하기** 완성된 미래 자화상 콜라주를 돌아가면서 소개한다. 그려진 이미지들과 선택된 재료에 대해 소개하고, 3번에서 구체화한 내용들도 함께 소개할 수 있도록 한다. **5. 미래 자화상 응원하기** 미래의 자화상 콜라주의 모습처럼 되기 위해 지금 스스로에게 해 주고 싶은 응원이나 격려의 말을 적어 준다. 자신이 적은 내용을 돌아가며 읽고 서로 응원과 격려를 해 줄 수 있도록 한다.

참고 사항	✎ 교실에서 진행될 경우 4~5명씩 모둠으로 진행한다. 5번 응원하기는 모두가 한 번씩 서로를 응원하고 격려해 줄 수 있도록 한다. ✎ 개인상담으로 진행될 경우 스스로 응원이나 격려의 말을 학생이 소리 내어 읽어 볼 수 있게 격려하고 그 이후에 교사가 학생의 이름을 넣어서 읽어 준다.

〈미래상 콜라주〉 예시

가운데에 성인 여성의 모습을 가장 먼저 붙인 이 학생은 대학을 졸업하고 좋은 사람을 만나서 예쁜 가정을 꾸리고 싶다고 설명했다. 친구들 중 비혼을 이야기하는 친구들도 있지만, 자신은 부모님이 사이좋게 지내시는 모습을 옆에서 보고 자라면서 결혼에 대한 로망이 있다고 이야기했다. 가족들과 예쁜 곳도 많이 여행하고, 좋은 엄마가 되어, 아이도 똑똑하게 키우고 싶은 것이 꿈이라고 설명했다.

섭식 문제

청소년들, 특히 여학생들 사이에서 주를 이루는 대화는 연예인의 패션, 미용과 다이어트, 체중과 신체 사이즈 등과 같이 외모와 체형에 대한 내용들이다. 미디어에서 보여지는 연예인이나 모델들처럼 날씬해지기 위해 여러 종류의 다이어트를 시도하는 또래 친구들이 급격히 증가하는 시기이기도 하다. 청소년기는 사회인과 다르게 소속에 따른 지위 없이 모두가 같은 학생이기에 외모와 같이 눈에 보여지는 평가가 가치 판단의 기준이 된다. 또래 집단의 영향을 가장 많이 받는 시기라는 것도 청소년기 섭식장애 발병률을 높인다.

섭식장애인지, 자기관리를 위해 다이어트를 하고 있는 것인지 그 경계가 애매하고 어려운 학생들도 있을 것이고, 자신이 이미 섭식장애라는 것을 알고 있음에도 교사에게 이해받지 못할 것이라 생각하여 쉽게 이야기하기 어려운 학생들도 있을 것이다. 교사가 섭식문제에 대해 알고 있고, 또 관심을 가지고 보살필 준비가 되어 있다는 사실을 아는 것만으로도 학생들은 자신의 섭식문제에 대해 더 편하게 이야기할 수 있을 것이다.

제목	**음식, 먹는다**		
목표	◆스스로가 음식을 어떻게 인지하고 있는지 그리고 먹는다라는 행위를 어떻게 받아들이고 있는지 그림으로 표현하고 언어로 설명할 수 있다. ◆음식과 먹는다는 작업을 공유함으로써 음식과 먹는다는 것에 대한 다양성을 경험해 볼 수 있다.		
영역	정서표현 영역 정서활용 영역	핵심 역량	의사소통 역량(협력적 소통) 지식정보 처리 역량
재료	도화지, 색연필, 오일파스텔		
도입	1. 음식, 먹는다. '음식'이라는 명사와 '먹는다'라는 동사에 대해서 각자가 생각하는 내용들을 몇몇 발표해 본다.		

전개	**2. '음식'은 나에게** 나눠 준 도화지를 반 접는다. 왼쪽 면의 중앙에 음식이라는 단어를 표현할 수 있는 이미지를 그린다. **3. '먹는다'는 나에게** 오른쪽 면의 중앙에는 '먹는다'라는 단어를 표현할 수 있는 이미지를 그린다. **4. 감정 말풍선** 각 이미지를 중심으로 그에 대한 생각, 감정, 느낌 등을 떠올려 본다. '싫다', '두렵다', '좋다', '사랑한다', '어렵다' 등의 예시가 있을 수 있다. 떠올린 단어들이 차지하는 비중에 따라 말풍선의 크기를 정해서 그리고 그려진 말풍선에 그 단어들을 적는다.
정리	**5. 소개하기** 완성된 그림을 보고 어떤 생각이 드는지 서로 이야기 나눈다. 단어를 탐색하는 과정 중에 어려웠던 부분이나 그동안 인식하지 못했던 부분이 있는지 이야기해 볼 수 있도록 한다.
참고 사항	✎ 1번의 과정은 발표대신 교사가 예시나 설명을 하는 것도 가능하다. ✎ 학생들이 표현한 것에 대해 평가하지 않도록 주의하고(예: "음식은 행복한 거야. 왜 무서워해?"), 학생 스스로가 음식과 먹는 행동에 대해 인식하는 프로그램이므로 타인의 말에 수치심이나 죄의식을 느끼지 않도록 주의해야 한다. ✎ 교실에서 진행될 경우 3~4명씩 모둠을 이루어 대화할 수 있도록 한다. ✎ 개인상담으로 진행될 경우 교사와 5번의 과정을 공유한다.

〈음식, 먹는다〉 예시 1

음식으로는 김밥을 그렸는데, 예전에 자신이 자주 먹던 김밥이 칼로리가 높다는 것을 들은 이후 안 먹고 있다는 설명과 함께 김밥을 그렸다. 왼쪽에 빨간 말풍선에는 스스로 느끼기에 음식에 대해 긍정적인 느낌과 말들을 적었고, 오른쪽 파란색 말풍선에는 부정적인 생각과 느낌을 적었다.

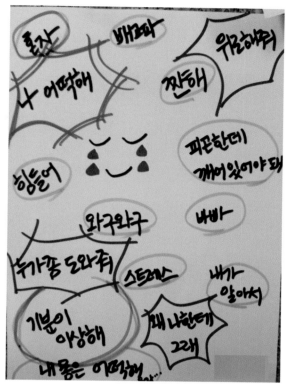

〈음식, 먹는다〉 예시 2

먹는다는 단어를 들었을 때 떠오르는 이미지는 울고 있는 자신의 모습을 그렸다. 먹는다는 행위가 스스로에게 얼마나 부담이고 힘든지에 대해 이야기했고, 힘든데 스스로 어쩌지 못하겠다는 내용들을 설명했다.

제목	내 몸과 대화하기
목표	◆ 신체를 의인화시켜 보는 과정을 통해 자신의 습관과 행동이 신체에 미치는 영향을 마주할 수 있다. ◆ 미안함과 고마움의 감정을 통해 행동과 습관의 변화를 모색할 수 있다.

영역	정서조절 영역 정서표현 영역	핵심 역량	지식정보 처리 역량 심미적 감성 역량 자기관리 역량

재료	〈신체상〉 도안(도안 6), 〈내 몸과 대화하기〉 도안(도안 17), 도화지, 편지지, 펜, 색연필, 오일파스텔

도입	**1. 내 몸과 대화한다면?** 자신의 몸과 대화를 할 수 있다면 몸의 어떤 부위와 대화를 하고 싶은지 생각해 보도록 한다. 머리, 목, 손, 발, 위, 입 등 다양한 부위가 될 수 있다. 가장 혹사시키고 있다고 생각하는 부위와 꽤나 잘 해 주고 있다고 생각하는 부위도 나누어 생각해 보도록 한다.
전개	**2. 내 몸 그리기** 〈신체상〉 도안에 자신의 몸 위 부위가 어떤 감정을 느끼고 있을지를 표현해 보도록 한다. 예를 들어, 머리를 너무 많이 써서 늘 과열 상태라면 머리 부위에 불을 표현할 수 있고, 무거운 가방을 매고 다니는 어깨에는 무거운 돌을 그려 넣어 줄 수도 있다. **3. 내 몸과의 대화** 〈내 몸과의 대화하기〉 도안에 각 부위들과 자신이 대화할 수 있다면 각 신체 부위가 자신에게 어떤 이야기를 할지 적도록 한다.
정리	**4. 느낀 점** 작업을 통해 스스로의 신체에 대해 느낀 점을 공유한다. 각 신체가 자신에게 이렇게 말을 걸어 온다면 어떻게 대답을 해 줄지도 생각해 보도록 한다. **5. 나에게 편지 쓰기** 편지지에 완성된 신체상을 돌아보고 느낀 점을 적고 소리 내어 읽어 본다.
참고 사항	✎ 5의 소리 내어 읽는 작업은 스스로에게 들려준다라는 상징적인 의미가 있다. ✎ 신체상의 외형적인 모습에 집중되지 않도록 주의한다. ✎ 교실에서 진행될 경우 4~6명씩 모둠을 이루어 대화할 수 있도록 한다. ✎ 개인상담으로 진행될 경우 교사와 4번의 과정을 공유한다.

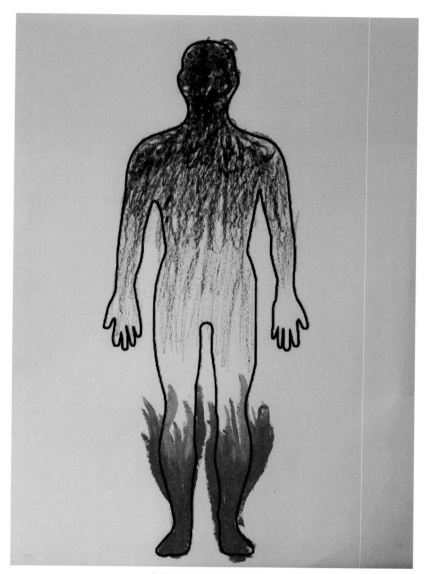

〈내 몸과 대화하기〉예시 1

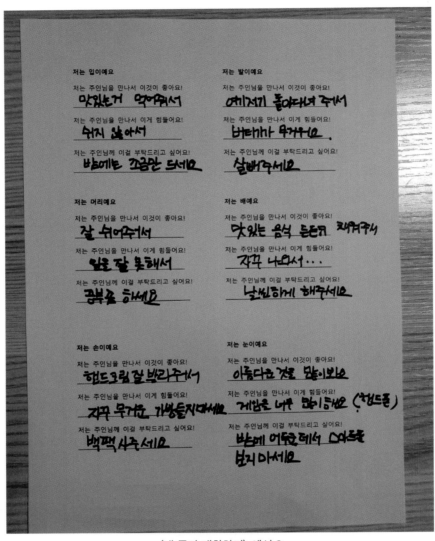

저는 입이예요

저는 주인님을 만나서 이것이 좋아요!
맛있는거 먹어줘서

저는 주인님을 만나서 이게 힘들어요!
쉬지 않아서

저는 주인님께 이걸 부탁드리고 싶어요!
밤에는 조금만 드세요

저는 머리예요

저는 주인님을 만나서 이것이 좋아요!
잘 쉬어줘서

저는 주인님을 만나서 이게 힘들어요!
일로 잘 못해서

저는 주인님께 이걸 부탁드리고 싶어요!
공부죠 하세요

저는 손이예요

저는 주인님을 만나서 이것이 좋아요!
핸드크림 잘 발라줘서

저는 주인님을 만나서 이게 힘들어요!
자꾸 무거운 가방들지 마세요

저는 주인님께 이걸 부탁드리고 싶어요!
백팩 사주세요

저는 발이예요

저는 주인님을 만나서 이것이 좋아요!
여기저기 돌아다녀 줘서

저는 주인님을 만나서 이게 힘들어요!
버벅바 무거워요.

저는 주인님께 이걸 부탁드리고 싶어요!
살빼주세요

저는 배예요

저는 주인님을 만나서 이것이 좋아요!
맛있는 음식 든든 채겨줘서

저는 주인님을 만나서 이게 힘들어요!
자꾸 나와서...

저는 주인님께 이걸 부탁드리고 싶어요!
날씬하게 해주세요

저는 눈이예요

저는 주인님을 만나서 이것이 좋아요!
아름다운 것로 많이보요

저는 주인님을 만나서 이게 힘들어요!
게임은 너무 많이들어요 (핸드폰)

저는 주인님께 이걸 부탁드리고 싶어요!
밤에 어두워져서 쓰이들 버리마세요

〈내 몸과 대화하기〉 예시 2

이 학생은 먹는 것을 너무 좋아하여 입은 맛있게 먹어서 좋아하지만 다른 기관들은 살이 너무 쪄서 힘들 것이라고 설명했다. 살도 빼고 운동도 한다는 의미에서 버스 두세 정거장은 걸어서 다니는 습관이 있는데, 그래서인지 자신의 몸 중에서 가장 항의를 하는 곳이 있다면 발일 것이라고 이야기했다. 살을 빼겠다고 많이 걸을 것이 아니라 덜 먹어야 한다며 자꾸 먹는 자신을 자책도 했다. 자신의 몸을 미워만 했는데, 몸들이 자신에게 이런 고마움을 표현한다면 너무 미안할 것 같다며 자신의 몸을 좀 더 아껴 주겠다고 다짐도 했다.

자존감 향상

　자존감은 '나 스스로 평가하는 주관적인 가치감'이다. 스스로 본인에 대해 주관적으로 설정한 기준에 따라 자신의 가치감을 설정하는 것이다. 그러나 자신의 평가 이외에 중요한 타인의 평가도 자신의 자존감에 영향을 준다. 부모님의 심리적 지지와 허용, 친구나 삶의 중요한 주변인들로부터 본인이 받아들여지는 경험, 그리고 살아가는 시간 동안 마주하는 문제들과 그것들을 해결해 나가는 방식에 따라서 자존감은 변화해 간다.

　많은 학생들이 자신의 장점이나 긍정적인 부분들에 대해 언급하는 것을 쑥스러워한다. 겸손을 미덕으로 여기는 대한민국의 문화는 자신의 장점을 드러내는 것을 여전히 익숙지 않은 것으로 인식시키기 때문이다. 그리고 학교에서는 자신을 지나치게 드러내는 학생들이 학교생활의 어려움을 겪는 사례도 빈번하여 자신의 긍정적 측면을 드러내 설명하는 것은 쉽지 않다. 자신의 긍정적이고 가치 있는 영역들에 대해 인식하고 표현하는 것은 스스로의 가치감 설정에 중요한 역할을 하기에 학생들에게 자존감을 다루는 시간은 상당히 의미 있다.

제목	꽃밭		
목표	◆ 나라는 꽃을 상상하고 표현해 봄으로써 상징성을 통한 자기 표현을 배우고, 자존감을 향상시킬 수 있다. ◆ 꽃이 된 각자가 꽃 밭을 이루는 과정을 통해 서로를 존중하는 마음을 배우고 경험할 수 있다.		
영역	정서인식 영역 정서표현 영역 정서활용 영역	핵심 역량	지식정보 처리 역량 공동체 역량
재료	색종이, 연필, 지우개, 가위, 풀, 4절지 도화지, 사인펜 혹은 오일파스텔		
도입	1. 내가 만약 꽃이라면? 내가 만약 꽃이라면 어떤 모양일까요? 어떤 색일까요? 활짝 피었을까요? 아직 봉오리 상태일까요? 자신이 꽃이라면 어떤 모습일지 자유롭게 상상하고 이야기해 본다.		

전개	**2. 꽃으로 피어나기** 1번에서 생각한 나라는 꽃을 색종이로 만들도록 한다. 색종이에 연필로 밑그림을 그리고 가위로 오린다. 도화지에 꽃 모양을 그리고 색종이를 손으로 찢어서 붙이거나, 색종이를 접어서 꽃을 표현하는 등 자유롭게 꽃으로 표현할 수 있다. **3. 완성된 꽃** 완성된 꽃이 자신을 어떻게 표현하고 있는지 돌아가면서 소개한다. 어떤 계절에 피는 꽃인지, 어떤 환경(산, 들, 물가 등)에서 피는 꽃인지, 어떤 향기가 나는지, 꽃이 피어 있는 기간은 얼마나 되는지 등 구체적인 꽃의 생태도 설정해 보도록 한다. **4. 꽃밭** 4절 도화지에 각자의 꽃을 나란히 함께 붙여 주고 학생들이 공동의 공간에 흙, 잔디, 햇빛 등을 그려 넣어 다 함께 꽃밭을 꾸며 준다. 완성된 꽃밭에 제목을 상의하고 정하고 적어 준다.
정리	**5. 꽃밭 완성** 각 모둠별로 완성된 꽃밭을 자리를 옮기면서 구경하고 이야기한다. 모둠장을 설정하여 각 조의 꽃밭을 소개하도록 한다.
참고 사항	🖉 교실에서 진행될 경우 4~5명씩 모둠으로 진행한다. 🖉 개인으로 진행될 경우 학생이 스스로를 표현하는 꽃을 꾸미도록 하고 교사도 자신의 꽃을 꾸며 꽃밭 대신 꽃병을 그려 두 개의 꽃을 함께 붙여 주는 것으로 진행한다. 🖉 상황적으로 가능하다면 각 모둠별로 완성된 꽃밭을 교실 뒤 게시판이나 벽에 붙여서 다 함께 볼 수 있도록 한다.

〈꽃밭〉 예시

자신이 꽃이라면 특별했으면 좋겠다고 설명한 한 학생은 파란색 '눈꽃'을 만들었다. 화가 많은 자신이 꽃이면 뾰족뾰족한 고슴도치 같을 것이라고 검정색과 빨간색 색종이로 뾰족한 꽃을 만든 학생도 있었다. 꽃들을 먼저 붙인 후, 꽃이 피어날 풀밭을 다양한 방식으로 심어 주었는데, 눈꽃을 만든 학생은 보라색과 파란색 등 실제 풀색과 다른 색으로 잘라 표현했다. 한 명이 태양을 그리자 다른 학생이 주변에 하트를 잘라 붙여서 꽃밭을 꾸며 주었다.

제목	**나의 긍정적인 특징**		
목표	◆ 초성에 맞는 긍정적인 특징을 탐색하는 과정을 통해 창의력을 향상시킬 수 있고 자신의 특징을 깊게 고민하고 찾아볼 수 있는 기회를 제공해 줄 수 있다. ◆ 완성된 긍정적 특징 리스트를 통해 자신의 능력을 발견하고 긍정적인 요소에 집중하게 할 수 있다.		
영역	정서표현 영역 정서활용 영역	핵심 역량	지식정보 처리 역량 창의적 사고 역량 심미적 감성 역량
재료	도화지, 마커, 오일파스텔, 색연필		
도입	**1. 긍정적 특징 리스트** 자신의 긍정적인 특징들을 한글의 각 초성을 사용해서 적는다. 'ㄱ'부터 'ㅎ'으로 끝날 때까지 긍정적인 특징을 쓴다(예: ㄱ-건강한, 감수성이 풍부한 ㄴ-노래를 잘하는, 노련한).		
전개	**2. 나의 긍정적인 특징 고르기** 초성 리스트 적기가 끝나고 나면 그중에서 스스로를 가장 잘 나타낸다고 생각하는 것 혹은 가장 마음에 드는 것을 골라 동그라미를 치고, 그 이유를 생각해 보게 한다. **3. 표현하기** 선택한 단어를 도화지 위에 자유롭게 표현해 보도록 한다. 예를 들어, 'ㅊ'의 단어로 '창의적이다'라고 적고 골랐다면, 창의적이다라는 것을 어떻게 이미지로 표현할 수 있을지 생각해 본다. 자신이 느끼는 창의적인 것은 어떤 이미지나 색인지를 표현해도 좋고, 창의적인 자신의 모습을 떠올려서 그려도 좋다.		
정리	**4. 소개하기** 완성된 긍정적 특징 리스트를 하나하나 읽고 소개한다. 그다음에 자신이 선택한 단어를 이미지로 표현한 그림을 소개하고 설명한다.		
참고 사항	✎ 교실에서 진행될 경우 4~5명씩 모둠을 이루어 진행한다. 긍정적 특징 적기가 10분 정도 진행된 이후에 아직 자신의 긍정적 특징을 채우지 못한 학생은 모둠원이 도와주도록 한다. 모둠원이 그 학생의 긍정적 특징들을 추천하고 그중에서 적을 수 있도록 한다. ✎ 개인상담으로 진행될 경우, 1번의 과정에서 초성으로 긍정적인 특징 찾기를 어려워하는 학생이 있다면 교사가 생각하는 학생의 긍정적인 특징을 함께 찾아 줄 수 있다.		

〈나의 긍정적인 특징〉 예시

한글 초성에 맞춰 생각하는 게 어렵다며 고민했다. ㄹ에서 한참을 고민하다 완벽히 다 쓰지 않아도 괜찮은지 묻고 괜찮다는 설명을 듣고 웃으며 다음 초성으로 넘어갔다. 긍정적인 특징을 적은 후 가장 마음에 드는 특징들을 모아 그린 자화상은 오늘 스스로가 입은 옷과 스타일 그대로의 모습에 활짝 웃는 모습이었다. 주변에는 이런 모습의 자신이 되었을 때 주변의 반응을 적어 주었다고 했다. 긍정적인 특징을 적은 리스트의 특징은 성격이나 장점을 적었지만, 자신이 그린 자화상의 모습에서는 결국 외적인 요소를 생각하며 그렸다는 부분에 대해 이야기했고 다음 상담에서 이 부분을 다루고 싶어 했다.

제목	**성취꽃**		
목표	◆ 학교나 가정, 혹은 일상생활에서 한 해 동안 자신이 성취한 것에 대한 구체적인 탐색과 나눔을 통해 긍정적인 경험을 떠올려 봄으로써 자존감을 고취할 수 있다. ◆ 모둠 안에서 인정받는 경험을 통해 다음 학년 혹은 내년을 위한 긍정의 힘을 기르고 기대로 인한 긍정 심리를 함양할 수 있다.		
영역	정서표현 영역 정서활용 영역	핵심 역량	심미적 감성 역량 공동체 역량
재료	도화지, 마커, 오일파스텔, 색연필		
도입	**1. 성취** 성취라는 개념에 대해 이야기하고 아주 사소한 작은 성취들의 예시를 함께 공유한다. 예를 들어, 매일 5분씩 독서하기, 하루 견과 챙겨 먹기, 걸어서 등교하기 등이 있다.		
전개	**2. 빈 꽃 그리기** 준비된 도화지에 중앙에 원을 그리고 원 주변으로 5개 이상의 꽃잎을 크게 그려 준다. 이때 자신이 좋아하는 색을 골라서 그릴 수 있도록 하고, 꽃이 도화지를 가득 채울 수 있는 정도의 크기로 그릴 수 있도록 한다. 꽃잎의 모양은 둥근 모양, 끝이 뾰족한 잎의 모양 등 자유롭게 그려도 좋다. 단, 꽃잎에 글을 적고 이미지를 그릴 것이라고 미리 설명하여 글이나 이미지가 들어갈 적당한 공간을 두고 그릴 수 있게 안내해 준다. **3. 꽃잎 채우기** 각 꽃잎에는 한 해 동안 자신이 성취한 것들을 간단히 적는다. 성취는 아주 사소한 것이어도 좋다. '성취했다'는 것은 주관적인 가치감각이므로 스스로 느끼기에 성취라고 생각된다면 무엇이든 자유롭게 적을 수 있다고 설명한다. 예를 들어, 방학 동안 한 번도 빠짐없이 아침운동을 한 것, 목표했던 책을 완독한 것, 친구에게 도움을 주고 고맙다는 말을 들은 것, 길고양이에게 밥을 준 것 등. **4. 꽃잎 꾸미기** 각 꽃잎에 적은 성취에 대해서 어울리는 색과 이미지로 자유롭게 꾸며 준다. 각 성취에 어울리는 색과 이미지도 또한 지극히 주관적인 요소임을 알려 주고 시간을 가지고 이미지화 시키고 상징화시켜 볼 수 있도록 격려한다.		

5. 성취꽃 소개하기

작품이 완성되면 돌아가면서 학생들 각자의 성취꽃에 대해서 이야기한다. 이때 각자의 성취가 어떤 것인지, 그리고 그것을 스스로 성취라고 생각하는 이유도 함께 이야기하도록 한다. 각 성취를 이미지, 혹은 색으로 표현한 방식에 대해서도 함께 설명할 수 있도록 한다.

6. 성취꽃 인정받기

각자의 성취꽃에 대한 설명이 끝나면 발표자의 성취꽃이나 보상에 대해 공감하거나, 칭찬하는 피드백을 한마디씩 돌아가며 해 준다.

7. 성취의 꽃 완성

성취의 꽃잎들을 다시 한번 보도록 한다. 그리고 이 성취들을 모두 해낸 자랑스러운 자신을 이미지로 표현한다면 어떤 모습일지 생각해 보고 꽃 중 안의 원에 자신을 그려 넣는다. 자신의 실제 모습을 그리기보다는 자신을 상징할 수 있는 사물이나 동물, 혹은 추상적인 이미지나 색 등으로 자유롭게 표현하도록 한다.

8. 응원하기

한 해 동안 완성한 성취꽃을 돌아보고 스스로에게 전하고 싶은 메시지를 주변에 적어 준다. 그리고 내년에도 새롭게 성취의 꽃을 완성할 미래의 나에게 보내는 응원의 메시지도 함께 적도록 한다.

정리

🖉 교실에서 진행될 경우 4~5명씩 모둠으로 진행한다. 6번의 성취꽃 인정받기에서는 의무적으로 공감이나 칭찬하는 피드백을 돌아가며 해 줄 수 있도록 룰을 정하고, 교사가 긍정적인 피드백이나 응원의 예시를 미리 알려 주는 것도 도움이 된다.

🖉 개인상담으로 진행될 경우 교사가 각 성취꽃잎에 대해서 긍정적인 피드백과 공감을 해 줄 수 있다.

참고 사항

〈성취꽃〉 예시

1년 동안 성취한 경험을 구체적으로 탐색하고 성취꽃에 정리하였다. 부모님 생신 날 선물드린 경험, 수학 문제집을 끝까지 푼 경험, 하루 30분씩 걸으며 건강을 돌본 경험, 남자 친구와 100일을 맞이한 경험, 영어일기쓰기대회에서 수상한 경험 등을 색깔과 글로 표현하였다.

Part **4**

유형별 프로그램

Part 4에서는 워크숍 형식의 집단, 소집단, 개인 미술치료, 그리고 대면과 비대면 미술치료 등 다양한 유형의 미술치료 형태를 소개한다. 이 책에 담긴 프로그램은 참여자 수와 진행 유형에 따라 다양하게 변형하여 사용할 수 있기에 유형을 확인하고 프로그램을 적용한다면 진행이 더 수월할 것이다.

학급 전체(워크숍 형태)

학급 전체를 다루는 것은 이 책을 집필하는 과정에서 가장 크게 염두에 두었던 대상 유형이다. 학기 초를 제외하고는 학급 집단은 집단원 간에 이미 라포가 형성되어 있으며, 우리 집단이라는 2차 집단을 가지고 있어 집단응집력이 높은 편이다. 교실 단위의 미술치료 집단 프로그램 운영은 일반적으로 진행자(교사)가 참여자들(학생들)에게 개인적인 질문이나 피드백을 줄 수 있는 집단원의 통상적인 수를 초과하게 되기 때문에 워크숍 형태로 진행하는 것이 일반적이다. 작품 활동을 끝마친 후, 학생 개개인의 작품을 모아 학급 전체 작품으로 학급에서 전시를 할 수도 있다.

활동 시에는 2인 1조로 짝을 지어 운영하거나 4~6명을 한 모둠으로 나누어 활동할 수도 있다. 전체적으로 디렉션(활동에 대한 방향성이나 구체적인 틀)을 제공하고 모둠별로 아이들이 활동할 수 있도록 여유로운 시간과 편안한 환경을 만들어 준다. 학생들은 디렉션에 따라 개별활동을 한 후 모둠원들 간 자신의 활동을 공유할 수도 있다. 이후 모둠별로 발표자를 1명 지정하여 전체 학생들과 내용을 공유하도록 한다. 학급 전체 공동 작업으로 하나의 작품을 만들 수도 있다. 이럴 경우 교사나 학생 대표들이 큰 작품의 도안을 밑작업하여 종이를 각 모둠에게 나누어 준 후 모둠별로 활동하게 할 수 있다. 모둠별 작품을 다시 모아 붙이면 소속감을 높이고 공동체의식을 함양할 수 있는 우리 반의 멋진 작품으로 활용할 수도 있다.

소수 집단(집단상담 형태)

2~8명으로 구성되어 진행되는 집단으로 특정 이슈를 공통으로 가진 아이들을 한 집단으로 구성하는 동질 집단과 다양한 특성을 가진 아이들이 모인 이질 집단으로 구분된다. 학교 현장에서는 학습동기부여 집단상담, 자존감 회복 집단상담, 자기이해 집단상담 등의 주제로 하나의 집단이 만들어지기도 한다. 학급 전체를 대상으로 하는 집단에 비해 소규모 집단의 경우 집단응집력 형성이 용이하며 윤리적 문제를 보호할 수 있는 한계 설정을 좀 더 수월하게 다룰 수 있다는 장점이 있다. 개인상담과 비교했을 때에는 집단역동으로 인한 집단원 간 갈등 등의 집단 저해 요인이 있을 수 있다. 이때 집단 저해 요인을 적절하게 다룰 수 있는 역량이 교사에게 요구될 수도 있다. 교사들은 생활지도의 영역보다는 상담의 영역에서 학생을 대하려는 자세가 필요하기도 하다.

개인

교사들은 교과 담임 혹은 담임교사로 학생상담을 하게 된다. 학생들의 학교생활, 학습지도나 컨설팅부터 심리·정서적 어려움에 대한 상담까지 그 영역은 다양하다. 개인상담의 경우 학생을 1:1로 만나기 때문에 비밀보장이 철저하게 지켜질 수 있고(단, 비밀보장의 예외 상황 제외), 학생이 좀 더 편안하게 개인의 어려움을 교사와 이야기하고 도움을 받을 수 있다는 장점이 있다. 그러나 위기 사례와 같이 보다 전문적인 심리·정서적 상담이 필요한 학생의 경우 Wee클래스 전문상담교사의 상담 연계를 통해 학생들이 보다 전문적이고 체계적인 상담 서비스를 받을 수 있도록 할 수도 있다.

비대면

2022 개정 교육과정에서는 미래 사회를 대비하는 교육 방향으로 기초 소양 세 가지를 제시하고 있다. 비대면 방식을 통한 미술치료는 언어 소양, 수리 소양, 디지털 소양 모두를 함양할 수 있도록 지원한다. 예를 들어, 학생들은 자신의 감정이나 생각을 텍스트로 표현해 보며 이를 정리하며 문제를 해결함으로써 언어 소양을 강조할 수 있다. 더 나아가 또래관계 속에서 소감 나누기를 통해 소통하고 참여하는 능력을 함양할 수도 있다. 또한 '감정 파이', '공급과 고갈'과 같은 미술치료 프로그램을 통해서 자신의 감정이나 계획 등을 수리적 정보로 표현해 봄으로써 문제를 추론하고 이를 해결해 보는 능력을 함양할 수도 있다. 특히, 비대면으로 이루어지는 미술치료 프로그램은 디지털 소양을 함양하는 데 탁월하다고 할 수 있다.

학생들은 다양한 온라인 툴을 활용하여 자신의 감정이나 진로 · 계획 등을 종이에 표현하여 온라인상에 공유하며 다양한 정보를 수집하고 객관적으로 비판적으로 이해하고 평가하는 소양을 함양할 수 있다. 이러한 소양을 미술치료 프로그램을 활용하여 교사들이 운영하는 교과에 반영하여 발전시킨다면 학생 주도의 맞춤형 수업을 보다 풍성하게 만들어 줄 수 있을 것이다.

기초 소양	개념(안)
언어 소양	언어를 중심으로 다양한 기호, 양식, 매체 등을 활용한 텍스트를 대상, 목적, 맥락에 맞게 이해하고, 생산 · 공유, 사용하여 문제를 해결하고 공동체 구성원과 소통하고 참여하는 능력
수리 소양	다양한 상황에서 수리적 정보와 표현 및 사고 방법을 이해, 해석, 사용하여 문제해결, 추론, 의사소통하는 능력
디지털 소양	디지털 지식과 기술에 대한 이해와 윤리의식을 바탕으로, 정보를 수집 · 분석하고 비판적으로 이해 · 평가하여 새로운 정보와 지식을 생산 · 활용하는 능력

출처: 교육부(2021). 2022 개정 교육과정 총론 주요 사항, p. 13.

비대면 수업은 다양한 상황에서 운영될 수 있다. 예를 들어, 법정 전염병 발생 시 대응 단계에 따라 온라인 비대면으로 수업이 진행될 수 있고, 천재지변 시에도 비대면은 효율적이다. 교사들은 다양한 실시간 쌍방향 온라인 도구와 SNS를 활용하여 비대면 미술치료 프로그램을 운영할 수 있다. 특히, 학교상담에서는 학교 폭력 피해, 질병으로 인한 어려움 등 학생의 특성이나 상황에 따라서도 비대면으로 미술치료 프로그램을 진행할 수도 있다.

비대면 미술치료 프로그램 운영 시 재료는 크게 세 가지 방법으로 학생에게 전달될 수 있다.

첫째, 패키지로 발송할 수 있다. 학생에게 필요한 도안과 미술 매체를 키트로 구성하여 학생이 수령할 수 있는 곳으로 우편발송할 수 있다.

둘째, 학생에게 온라인 파일로 미술치료 프로그램에서 사용될 도안을 제공할 수 있다. 이때 학생은 도안을 직접 출력하고 가정 내 활용 가능한 미술 매체를 사용할 수 있다.

셋째, 별도의 재료를 제공하지 않고, 학생들이 쉽게 준비할 수 있는 미술 매체, 즉 연필, 펜, 유색 볼펜, 형광펜과 같은 기본 재료로 참여할 수도 있다.

비대면 미술치료를 통해 완성된 작품들은 크게 세 가지로 공유될 수 있다. 학생의 수나 상황에 따라 적절한 방식을 선택해 사용할 수 있다.

① 자신의 작품을 찍은 사진을 단체 채팅방에 이미지 파일로 공유하는 방법이다. 화상 채팅 플랫폼은 별도로 유지한 채, 휴대전화 단체 채팅방 내에서 다른 학생들의 작품과 자신의 작품을 올리고 다운받아 확인할 수 있다. 추가적인 플랫폼을 이용하지 않아도 되는 장점이 있지만, PC, 노트북 및 패드와 휴대전화라는 두 가지 디바이스를 동시에 운영해야 한다는 불편함이 있다.

② 실시간 쌍방향 화상 채팅 도구를 이용하는 방법이다. 카메라의 각도를 조절하여 아이들이 작업하는 과정을 관찰한 후, 작업이 완료된 아이들이 PC나 노트북의 바탕화면에 놓은 이미지 파일의 공유 권한을 얻어 공유한다. 자신의 작품이 재다운로드되는 위험성이 없다는 점, 한 작품만 집중해서 본다는 장점이 있지만, 한 명씩 권한을 가지고 공유하는 데에는 시간이 걸린다는 점, 그리고 한번에 여러 학생들의 작품과 함께 볼 수 없다는 단점이 있다.

③ QR 코드나 링크를 통해 이미지를 동시에 업로드하는 방법이다. 한 화면에 여러 작품을 동시에 볼 수 있다는 점, 이미지와 글을 동시에 업로드 가능하다는 점, 즉각적인 피드백을 이모티콘으로 표현할 수 있다는 장점이 있지만, 업로드 속도가 제각각 다를 수 있다는 점, 선택한 이미지가 화면 가득 차지 않아 작게 보인다는 단점이 있다.

비대면 미술치료는 시공간의 제약을 받지 않고 언제 어디서든 운영이 가능하다는 장점이 있다. 뿐만 아니라, 학생들의 이동수단이나 거리, 안전문제 대한 대비책에서부터 벗어날 수 있다. 또한 가정방문 없이 간접적으로 학생의 현재 환경을 확인해 볼 수도 있다. 그러나 비대면 활동이 가능한 환경이나 도구 지원이 필요한 학생에 대한 사전점검과 지원이 선행될 때 원활하게 운영이 가능하다는 제한점이 있을 수 있다. 특히, 집단 비대면의 경우 비밀보장과 같은 윤리적 문제에 대한 사항을 철저하게 구조화하고 환경을 정비할 수 있도록 지도해야 한다.

Part **5**

미술 매체

Part 5에서는 이 책에 수록된 프로그램에서 사용된 재료들을 중심으로 미술치료 재료들을 소개한다. 이를 통해 미술 매체를 활용하여 심리 · 정서적 요소를 담은 수업 운영 시 필요한 간단한 재료들을 이해할 수 있을 것이다.

이 책은 전문 미술치료사가 아니더라도 교사들이 수업시간, 상담시간 등을 활용하여 손쉽게 학생들과 마음을 교류하며 소통할 수 있도록 구성하였다. 또한 교육과정과 연계하여 학생들의 심리 · 정서적 영역을 발달시키고자 하였다. 미술 매체는 매체마다의 고유한 특성들을 지니고 있다. 교사들이 미술 매체의 특성을 이해하고 교수 학습 장면에서 상담적 요소를 가미하여 수업을 운영한다면 지덕체를 겸비한 수업이 이루어질 수 있을 것이다.

미술치료 현장에서 사용되는 매체는 수없이 많으나, 여기에서는 이 책에 수록된 프로그램에서 사용된 미술 재료만을 제한적으로 설명했다.

종이 매체

도화지

가장 전통적인 미술치료를 진행하기 위해 필요한 기본 재료이다. 흰색 혹은 검정색 도화지 위에 오일파스텔이나 색연필 등을 이용하여 그려 나가는 방식은 프로그램을 진행하는 교사와 참여하는 학생들 모두에게 가장 익숙하고 부담감이 적은 방식이다. 검정 도화지를 활용할 경우 오일파스텔이 선명히 드러나며, 추가적인 이미지를 콜라주 등으로 붙였을 때 눈에 더 잘 들어오는 장점이 있다. 배경에 색이 있기에 완성도도 더 높게 느껴지며 평범한 흰 도화지가 아니라는 점에서 더 새롭게 느껴질 수도 있다.

작업을 끝마친 이후에 보관하기 쉽다는 점에서 학생들을 대상으로 하는 미술 작업에서 가장 널리 사용되고 있다.

색종이

미술치료에서 사용되는 색지에는 색한지, 색도화지, 색골판지, 색시트지 등이 있으며 그중 가장 대중적인 재료가 색종이다. 색종이 자체로 색을 표현하기 위해 쓰이거나, 색종이 위에 이미지를 그려서 오려 붙이거나, 색종이를 접어서 표현할 수도 있다. 이처럼 다양한 표현 방식을 쓰일 수 있다는 장점과 손쉽게 구할 수 있다는 장점도 있어 부담 없이 자주 사용될 수 있는 매체이다. 최근 기본적인 24색 색종이를 벗어나 더 다양한 색상들의 색종이나 패턴 모양의 색종이 혹은 스티커 색종이 등 다양한 색종이들이 나와 더욱더 활용도가 높아지고 있다.

잡지

콜라주 작업을 할 때 가장 많이 사용되는 재료이다. 미술치료를 처음 접하거나 그리기에 거부감이 있는 경우 잘 활용될 수 있는 재료 중 하나이다. 다양한 이미지와 글들을 통해서 내담자가 원하는 주관적인 느낌 혹은 막연한 생각들을 구체화하고 시각화하는 데 많은 도움을 줄 수 있는 매체이다.

드로잉 매체

연필 및 펜

연필과 펜이 미술 매체로써 쓰일 때는 기본적인 밑그림을 그리는 목적으로 사용되기도 하지만, 오일파스텔이나 색연필보다 더 약한 무언가를 표현하는 목적으로 사용되기도 한다. 또한 연필 사용 시 자주 지우거나 약한 필압을 사용하는 경우 자신감이 떨어지거나 위축되어 있는 심리적 상태를 확인해 보는 재료로 쓰이기도 한다. 이러한 특징 때문에 투사적 그림검사에서는 연필과 지우개만을 사용하도록 하고 있다. 일반적으로 미술치료 전공책에서는 4B 활용을 권하고 있으나 HB나 2B 등 다른 연필을 사용해도 무관한다.

색연필

　가장 기본적인 미술 매체 중 하나인 색연필은 연필과 마찬가지로 필압에 따라 다양한 선의 표현이 가능하며, 자세한 묘사도 가능한 재료이다. 색연필을 눕혀서 사용해 부드러운 면을 표현할 수 있고, 세워서 사용하여 자세한 세부 묘사나 날카로운 느낌을 표현할 수 있다. 이러한 표현 방식에 따라 나오는 다양한 느낌을 미리 알려 주는 것도 매체 사용의 다양성을 높일 수 있다.

오일파스텔

크레용보다는 부드럽고 기름지고, 파스텔보다는 단단한 느낌의 재료이다. 미술치료에서 색연필과 함께 가장 많이 쓰이는 재료이다. 색 섞임이나 번짐 표현, 강렬한 색채 표현 등이 장점인 매체이고, 흰 도화지와 함께 가장 익숙한 미술재료 중의 하나이다. 파스넷이나 크레파스는 일반적으로 어린이의 재료로 인식되어 오일파스텔을 주로 사용한다. 초등학생의 경우 파스넷, 크레파스 등을 오일파스텔을 대신해 사용할 수 있다.

채색 매체

마커

　사인펜보다 두꺼운 선의 마커는 강렬한 선과 색 표현이 가능한 매체로 상징적인 그림이나 글자 표현에 용이하다. 마커의 종류는 둥근 심지로 된 마커와 끝이 뾰족한 마커, 사각 형태의 심지의 마커까지 다양하기 때문에 원하는 선의 표현에 따라서 정해서 사용해 볼 수 있다. 색연필이나 오일파스텔과는 다르게 검은 도화지에는 표현이 어렵고 색 섞임이나 수정이 어렵다는 단점이 있다. 마커의 알코올성 냄새가 자극적으로 느껴질 수 있기 때문에 장시간 사용하지 않는 것이 좋고, 사용 후 뚜껑을 잘 닫아 두지 않을 경우 잉크가 휘발되어 재사용이 어려워질 수 있다. 또한 얇은 종이에 사용하면 뒷면에 쉽게 비칠 수 있으므로 양면을 사용해야 하는 작업에서는 유의하는 것이 좋다. 유성매직에 비해 마커는 더 전문적인 느낌을 주기에 작품 활동에 더 몰입할 수 있다.

아크릴 물감

물감 재료 중에서 가장 다루기 쉬운 매체이다. 아크릴 물감의 질감은 수채화 물감과 유화 물감의 중간 정도 질감이고, 번짐이 없고 색칠 후 마름이 용이해 한번 색칠한 색 위에 마른 후 다른 색을 칠해 덮을 수 있다는 장점이 있다. 수채화 물감은 어두운 색 위에 밝은색이 칠해지지 않으며, 색연필이나 오일파스텔 등의 타 재료 위에 덮이지 않는다. 이러한 아크릴 물감의 장점은 미술치료 과정에서 삭제나 수정 작업 혹은 덮어 버리는 작업에 쓰이기 좋은 재료 특성이다. 또한 물을 섞는 양에 따라 질감 표현이 다양하게 나올 수 있다는 점에서 다양한 표현이 가능하다.

기타 매체

콜라주 재료

콜라주 재료는 다양한 목적으로 쓰일 수 있다. 촉각 자극을 위한 목표나 작품에 강조를 위한 목적, 또는 흥미 유발이나 작품을 만드는 과정에 집중을 높여 주는 목적으로 사용될 수 있다. 또한 그리기나 작품 완성에 거부감이 있는 경우 잡지와 마찬가지로 쉽게 미술치료 과정에 참여할 수 있도록 도와줄 수 있다. 콜라주 재료를 사용할 때 주의할 점은 프로그램에 목적에 맞게 사용되어야 하며, 너무 많은 개수의 재료를 한번에 사용해 프로그램의 과정보다 재료 탐색에 시간을 많이 들이지 않도록 조심해야 한다는 점이다. 콜라주 재료는 휴지심과 같은 재활용품, 단추와 같은 오브제, 솔방울과 같은 자연 매체 등 전통적인 미술 재료 이외에도 폭넓게 사용될 수 있다.

철사 또는 우드스틱

전통적인 미술 매체가 아닌 목공용 재료나 기타 재료도 프로그램의 목적에 따라 미술 매체로 쓰일 수 있다. 우드스틱 대용으로 요리용 꼬치나 디퓨저용 스틱을 활용할 수 있다. 철사는 흰색, 초록색, 검은색 등 다양한 색상의 철사들을 찾아볼 수 있어 프로그램의 목적에 따라 다양하게 사용할 수 있다. 작업 도중 날카로운 철사 등에 찔릴 위험성이 있으니 안전에 주의하도록 지도한다.

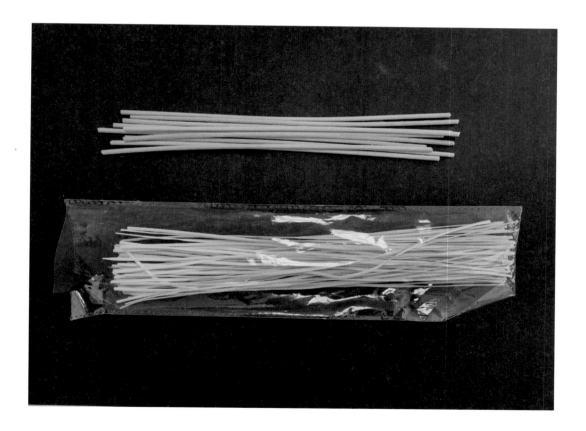

털실 또는 끈

털실은 굵기와 질감, 색상 모두 다양하기에 좋은 미술치료 매체로 쓰일 수 있다. 부드럽거나 폭신한 질감 혹은 따뜻한 질감을 표현하기에도 좋은 매체이다. 끈은 무엇인가를 묶어 조절에 대한 상징성이나 억압의 상징 등으로도 쓰일 수도 있다. 털실이나 끈을 뭉쳐서 복잡한 심경을 상징화하거나, 비슷한 길이로 잘라 붙여서 면을 채워 채색의 방식으로 사용하기도 한다. 이처럼 털실이나 끈은 다양한 색과 질감 표현이 가능하므로 프로그램의 주제에 맞게 여러 가지로 활용도가 높다.

저연령의 학생을 대상으로 할 경우에는 안전사고에 대비하여 목둘레보다 짧게 실을 잘라 제공할 수도 있다.

스티커

　스티커는 미술치료의 작업 과정에서 그리기에 저항 반응이 있거나 어려워하는 경우 혹은 미술치료의 작업 과정에 흥미가 없는 경우 가장 쉽게 사용할 수 있는 재료이다. 여러 가지 표정 스티거나 긍정 문구의 스티커, 하트나 별 같은 상징적인 스티커들은 다양한 프로그램에 응용되기 좋은 매체이다.

액상 풀, 고체형 풀, 목공용 풀

붙이려는 재료에 따라 적절한 풀을 사용하는 것이 좋다. 콜라주 재료나 입체 재료를 붙일 때는 액상 풀이나 목공용 풀을 사용한다. 이 경우 풀이 마르기까지 시간이 걸린다는 점을 미리 숙지하고 사용하는 것이 좋다. 평면 재료를 붙일 때는 액상 풀보다는 고체형 풀을 추천한다. 종이 매체의 경우 액상 풀을 사용하면 종이의 질감에 따라서 구김이 생기거나 찢어질 수 있는 위험이 있다.

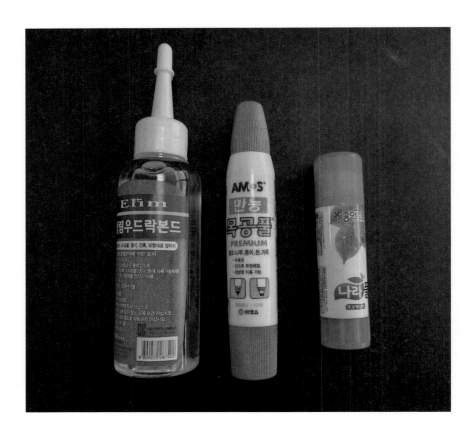

부록

도안

도안 1. 형용사 목록

깔끔한	엘레강스한	우아한	아름다운	귀여운	노멀한	캐주얼한
평범한	심플한	샤프한	게으른	도도한	고고한	순결한
중요한	고독한	외로운	현명한	부드러운	상큼한	향기로운
행복한	보송보송한	퍽퍽한	섹시한	도시적인	현대적인	전통적인
예술적인	원시적인	바쁜	찬란한	화끈한	순한	약한
강한	질긴	독특한	특이한	생각이 깊은	특별한	신기한
명석한	현명한	똑똑한	귀여운	깜찍한	건강한	강인한
주도적인	리더십 있는	가르치는	엄격한	숭고한	영리한	스마트한
견고한	단단한	탄탄한	든든한	생생한	청결한	어두운
밝은	소박한	촌스러운	세련된	무기력한	우울한	감사한
긍정적인	부정적인	힘든	행복한	바른	흐뭇한	고통스러운
밝은	정신없는	속상한	실망스러운	씁쓸한	예민한	고단한
아픈	기발한	울적한	여유 있는	마음이 무거운	에너지 넘치는	지친
허전한	지루한	경쾌한	고요한	피곤한	친숙한	포근한
내성적인	사교적인	생각이 많은	열렬한	적극적인	호감이 가는	예쁜
착한	조급한	상냥한	어두운	수줍음이 많은	귀찮은	소심한
차가운	따뜻한	지겨운	절박한	무심한	고립된	유머러스한
친절한	다정한	배려심 많은	까다로운	대하기 어려운	가벼운	엉뚱한
재미있는	센스 있는					

도안 2. 1년

월	성취 리스트	별점
		☆ ☆ ☆ ☆ ☆
		☆ ☆ ☆ ☆ ☆
		☆ ☆ ☆ ☆ ☆
		☆ ☆ ☆ ☆ ☆
		☆ ☆ ☆ ☆ ☆
		☆ ☆ ☆ ☆ ☆
		☆ ☆ ☆ ☆ ☆
		☆ ☆ ☆ ☆ ☆
		☆ ☆ ☆ ☆ ☆
		☆ ☆ ☆ ☆ ☆
		☆ ☆ ☆ ☆ ☆
		☆ ☆ ☆ ☆ ☆

도안 3. 긍정 문구

나는 있는 그대로의 나를 사랑한다. 나는 나의 삶에 만족한다. 나는 내가 대견스러워.

나는 하루에 한 발짝씩 나아간다. 나를 제외하고 누구도 나를 망칠 수 없다.

나는 사려 깊은 사람이다. 나는 스스로를 용서한다. 나는 내 마음과 영혼을 돌본다.

나는 매일 감사하다. 내가 가진 것에 대해서 행복하다. 나는 행복하기를 선택했다.

나는 내가 할 수 있는 것에 집중한다. 나는 과거의 사건이 현재의 나를 다치게 하지 않는다.

매일 모든 것이 나아지고 있다. 나는 내가 충분히 쉴 수 있도록 시간을 준다.

모든 삶의 영역은 교육이고 과정이다. 나는 타인을 공감하지만 그들에게 휘둘리지 않는다.

나는 내가 누구인지 잘 안다. 나는 운동과 건강한 식습관으로 스스로를 돌본다.

나는 내가 만날 사람을 스스로 선택하고 그들이 하는 말에 알아서 반응할 권리가 있다.

나는 순간에 집중할 것이다. 나는 내 삶의 긍정적인 면을 볼 것이다. 나는 용감하다.

나는 삶을 선택할 수 있고 기회는 내 주변에 있다. 나는 내가 잘하는 것을 계발한다.

나는 건강한 모험을 선택할 것이다. 나는 실수를 받아들일 것이다. 내 마음은 고요하다.

나는 내가 바꿀 수 없는 것에 힘을 빼지 않을 것이다. 나는 늘 배움을 향해 노력한다.

나는 충분하다. 나는 특별하다. 나는 많은 노력을 했다. 나는 한 걸음씩 나아갈 것이다.

나는 귀한 사람이다. 나는 나를 다른 사람과 비교하지 않는다. 나는 도전한다.

나는 내가 노력한 것들을 자랑스럽게 생각한다. 나는 나를 해치는 사람을 곁에 두지 않는다.

나는 나를 사랑하고 나를 받아들인다. 나는 나를 조절하고 통제할 수 있다.

실수해도 괜찮다. 실수로부터 배웠으니까. 나는 나 스스로가 귀하다는 말에 귀 기울인다.

나는 내가 좋아하는 것을 부정하지 않는다. 나는 독특하고 나만의 스타일이 있다.

나는 나를 망치는 사람들의 말에 집중하지 않는다. 나는 내면의 자원이 풍부하다.

나는 나 스스로의 가치를 나로부터 찾는다. 나는 남이 아닌 나를 위한 선택을 한다.

도안 4. 말풍선

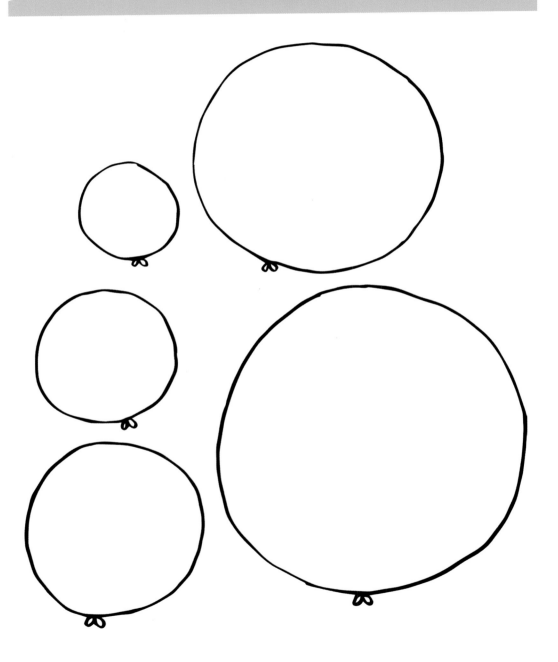

도안 5. 옆얼굴

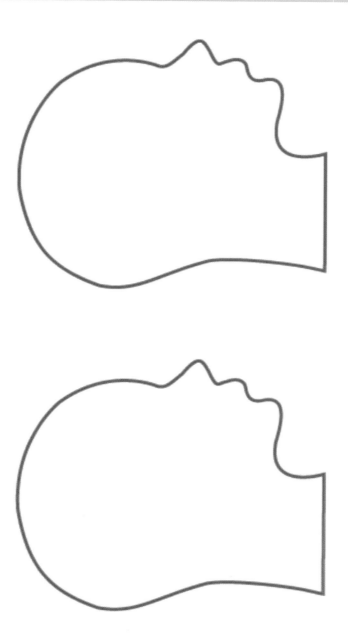

도안 6. 신체상

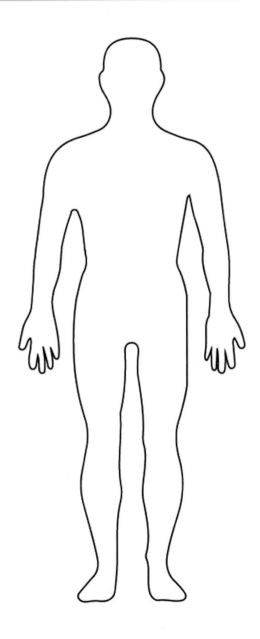

도안 7. 자기대화

긍정적 자기대화	부정적 자기대화
난 참 멋져	나는 멍청해
나는 내가 좋아	나는 절대 그렇게 할 수 없어
사랑해	나는 그 사람만큼 귀하지 않아
괜찮아	망했어
고마워	난 못할 거야

도안 8. 엎드린 사람

도안 9. 돌담

도안 10. 내 안의 분노

도안 11. 박스

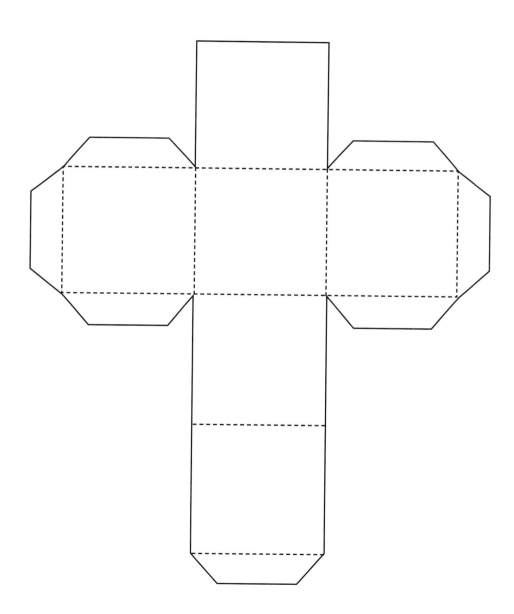

도안 12. 4컷 만화

제목: _____

스토리: _____

_____

_____

_____

1.	2.
3.	4.

도안 13. 나의 가족에게

나는 나의 가족 (　　　　　　　　　　　)을/를 선택했어요.

나의 (　　　　　　　　)은/는 이런 사람이에요.

:

나는 (　　　　　　　　)가/이 이런 말을 할 때 화가 나요.

:

나는 (　　　　　　　　)가/이 이런 말을 해 줄 때 고마워요.

:

나는 (　　　　　　　　)(으)로부터 이런 말을 듣고 싶어요.

:

나는 (　　　　　　　　)가/이 이렇게 행동할 때 마음이 아파요.

:

나는 (　　　　　　　　)가/이 이것 만은 알아주었으면 좋겠어요.

:

나는 (　　　　　　　　)에게 이 말을 해 주고 싶어요.

:

나는 (　　　　　　　　)가/이 혹시나 이렇게 말할까 봐(행동할까 봐) 두려워요.

:

도안 14. 어항 도안

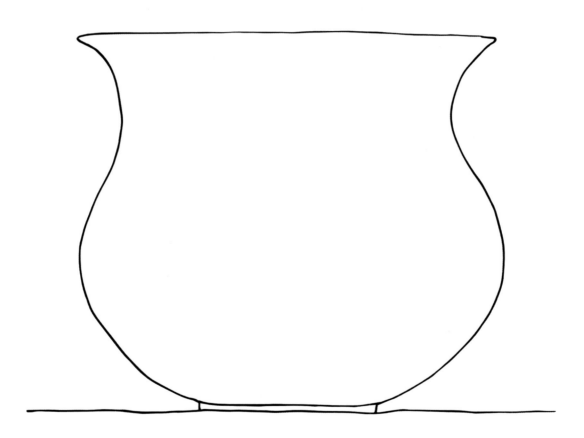

도안 15. 가면

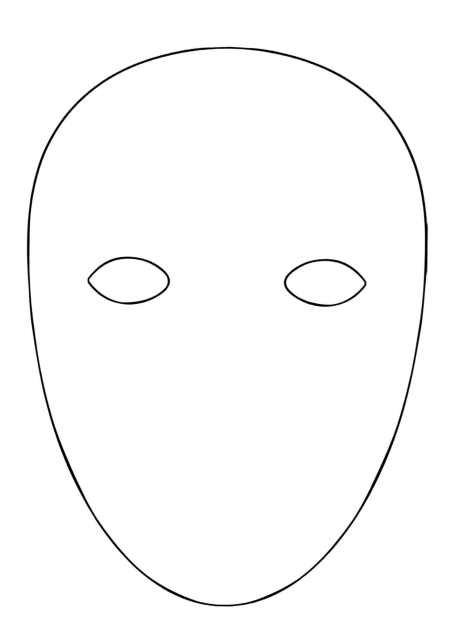

도안 16. 선물상자

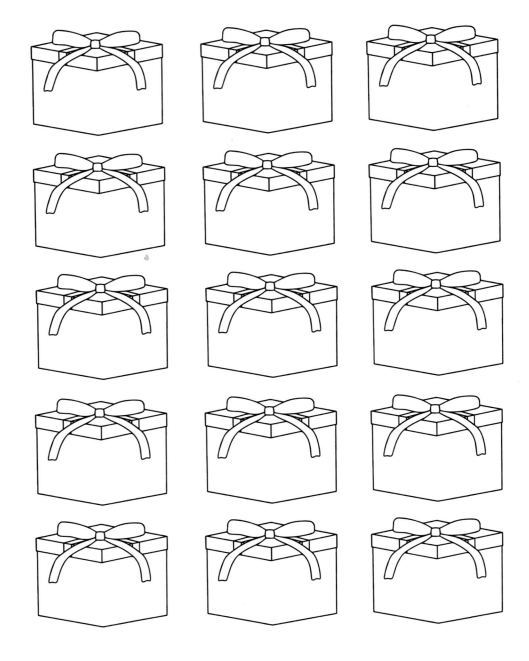

도안 17. 내 몸과 대화하기

저는 입이에요

저는 주인님을 만나서 이것이 좋아요!

_____

저는 주인님을 만나서 이게 힘들어요!

_____

저는 주인님께 이걸 부탁드리고 싶어요!

_____

저는 머리예요

저는 주인님을 만나서 이것이 좋아요!

_____

저는 주인님을 만나서 이게 힘들어요!

_____

저는 주인님께 이걸 부탁드리고 싶어요!

_____

저는 손이에요

저는 주인님을 만나서 이것이 좋아요!

_____

저는 주인님을 만나서 이게 힘들어요!

_____

저는 주인님께 이걸 부탁드리고 싶어요!

_____

저는 발이에요

저는 주인님을 만나서 이것이 좋아요!

_____

저는 주인님을 만나서 이게 힘들어요!

_____

저는 주인님께 이걸 부탁드리고 싶어요!

_____

저는 배예요

저는 주인님을 만나서 이것이 좋아요!

_____

저는 주인님을 만나서 이게 힘들어요!

_____

저는 주인님께 이걸 부탁드리고 싶어요!

_____

저는 눈이에요

저는 주인님을 만나서 이것이 좋아요!

_____

저는 주인님을 만나서 이게 힘들어요!

_____

저는 주인님께 이걸 부탁드리고 싶어요!

_____

긍정적 자기대화 리스트

이 리스트는 수업 중 다양하게 활용해 주세요.

화내기보다 더 좋은 대처 방식들을 알고 있다. 화내는 대신 멈추고, 시간을 가지고 전체적인 것을 꿰뚫어 보는 생각을 할 것이다. 그리고 '내가 다른 사람이라면 지금의 나를 어떻게 보고 있을까?'와 같은 새로운 시점으로 나를 바라볼 것이다. 나는 이를 통해 단순히 눈앞의 문제를 넘어서 이 문제가 실제로 나의 미래까지 생각해 보았을 때 얼마나 중요한 것인지에 대해 생각해 볼 것이다.

나와 다른 사람들은 생각하는 방식과 살아온 삶의 방식이 다르다. 그럼에도 불구하고 나는 그들과 잘 지내기 위한 방법을 안다. 나는 나만의 삶을 위한 선택을 지속해 나갈 것이고, 다른 사람들이 나에 대해서 어떻게 생각하는지와 같은 불필요한 것들을 걱정하기 위해 시간을 보내지 않을 것이다.

나는 길가에 핀 꽃의 향을 맡기 위해 멈추고 시간을 쓸 줄 안다. 나는 천천히 멈추어서 눈을 감고, 더 많은 것을 보고, 듣고, 세세하게 신경 쓰지 않을 때 놓치게 될 많은 순간들의 소중함을 알고 있다. 그렇기에 내가 지금 여기에 살아 있음을 충만하게 느끼고, 그것을 증명할 수 있는 수많은 것들을 향해 손을 내밀 것이다.

　나는 더 현명해지기로 했다. 현명함이란 나의 경험과 생각을 통해 배우는 것이다. 쉽게 말을 내뱉기 전에 한 번 더 생각해 보고, 나만의 관점이 아니라 다른 사람의 관점을 고려해 볼 것이고, 가치 없고 내게 피해가 되는 말들은 하지 않을 것이다. 이렇게 가꾸어 나간 현명함은 내가 매일 더 긍정적 선택을 하도록 도와줄 것이다.

　나는 게으른 과거의 나를 버릴 것이다. 나는 나를 위해 시간을 사용할 것이고, 내게 해가 되는 것을 위한 시간을 줄이고, 필요한 만큼의 충전을 위해 휴식을 취할 것이다. 또한 나의 생각과 행동이 어떤 방식으로 흘러가고 있는지 확인하고, 내 안의 잠재력들을 활용하여 더 긍정적인 생각과 행동들이 가득 찬 미래를 만들 것이다.

　내가 가지고 있는 문제들이 나쁜 거지 내가 나쁜 것은 아니다. 내가 나쁘게 태어났기 때문이 아니라는 것이다. 내가 살아오면서 만들어 낸 문제들은 개선될 수 있고, 내가 더 좋은 인생을 선택하길 원한다면 그 이상으로 굉장한 삶 역시 만들어 낼 수 있다. 나에게 좋지 않은 문젯거리들은 내가 제거해 나가면서 내가 어떻게 살아갈지, 그리고 어디로 나아갈지를 함께 생각하면 내 미래가 얼마나 멋지게 펼쳐질지 기대가 된다.

　나는 나의 인생에 있어서 필요 없는 사람과 필요한 사람을 구분할 줄 안다. 그들은 나에게 무례하고, 나에게 심리적으로 밀어붙이고, 필요할 때만 아첨하거나, 무리한 요구를 하는 사람들이다. 나의 장점을 봐 주고, 내가 불안할 때는 안심시켜 주고, 내가 손을 내밀 때에는 도와주고 지지해 주고, 그리고 나를 믿어 주는 사람들이야말로 내게 필요한 사람들이다.

　내 앞에 보이는 대부분의 나의 한계점들은 내가 만들어 낸 한계점일 때가 많다. 내가 설정한 스스로의 한계점을 없애기 위해서는 긍정적 자기대화를 자주 하는 것이 내게 분명 영향을 미치고 있다는 확신이 필요하다. 나는 스스로에게 건네는 긍정적 자기대화가 내가 진짜로 할 수 있는 것과 할 수 없는 것을 구별해 줄 것임을 알고 있고, 내가 가지고 있는 가능성은 이 대화를 통해 매일 확장해 갈 거란 것도 알고 있다.

나는 나의 내면에 존재하는 아름다움을 매일 발견해 가고 있다. 자신의 내면의 아름다움을 발견하는 것이 쉽지 않다는 것 역시 알고 있기에, 그것을 찾기 위해 노력할 것이고 결국에는 찾게 될 것이다. 아침에 떠오르는 아름다운 태양, 다른 사람에게 건네는 나의 미소, 사락사락 책을 넘기는 소리, 지저귀는 새소리 등. 그냥 지나칠 수 있는 것들의 소중함을 찾아내는 작업이 그 첫 번째 시작이 될 것이고, 내 안에 늘 존재해 오고 있는 내면의 아름다움은 이러한 훈련을 통해 발견하고 또 발견하게 될 것이다.

우리는 얼마나 멀리까지 볼 수 있을까? 나는 나의 내일을 볼 수 있고, 내가 나의 목표를 향해 점차 나아가고 있는 나의 모습 역시 볼 수 있다. 시야를 계속 확장해 보자. 나는 나의 한 달 뒤, 나의 1년 뒤 시간 속에서 내가 나의 목표에 도달하는 그 모습도 지금 볼 수 있다. 내가 어떤 사람이 될 것인지, 어떤 모습이길 바라는지, 나의 구체적인 소망을 통해 나는 나의 바라는 미래의 모습을 볼 수 있다. 계속해서 나는 더 멀리까지 볼 수 있다. 저 멀리 우주에 떠 있는 별까지도.

내가 나 스스로에게 친절하게 대해야 한다는 사실을 알고 나서부터, 나는 나에게 친절하게 말하고 생각하는 방법뿐만 아니라 다른 사람에게 어떻게 친절하게 대할 것인가에 대해서도 고민하게 되었다. 나 스스로를 아끼고 사랑하는 과정을 통해 내가 사랑받을 수 있는 존재라는 것을 인식하고 그런 나의 감정이 다른 사람에게 어떻게 전달되는지에 대해서도 알아가게 되었다.

나는 나의 인생에 있어서 불필요한 스트레스들을 통제하고 다루기를 선택했다. 신체적으로, 그리고 정신적 건강에 좋은 습관을 더 챙기려고 노력하고, 더 긍정적인 방향을 생각해 봄으로써 나의 문제점들을 하나씩 되짚어 갈 수 있다. 그리고 이런 되짚어 봄은 나의 미래를 더욱 풍요롭게 만들 것이다. 왜냐하면 나를 아는 것 그 자체로서 나는 더 나은 삶을 살아가는 선택지에 놓여졌기 때문이다.

나는 쓸데 없는 말싸움은 피할 것이고, 내가 다른 사람보다 우위에 섰다거나 열등하다는 인식 자체를 시작점에 삼지 않을 것이다. 그러나 내가 나 스스로를 위한 시간을 가져야 할 때 나는 나의 잠재력을 최대한 활용해서 다른 사람과의 비교가 아닌 내 안의 잠재력을 십분 발휘해서 앞으로 나아갈 것이다.

나는 즐기는 법을 찾을 줄 안다. 나는 내가 즐길 수 있는 것들을 주변에서 찾아보고, 직접 경험하는 사람이다. 결국 즐거움이라는 것은 내 주변에 항상 있는 것들이다. 나는 어떤 것이 나를 더 즐겁게 할 것인지 찾고, 그 즐거움을 느끼면서 매일의 내 인생을 더 행복하게 만들어 갈 것이다.

밤이 되어 잠이 들기 전, 나는 나 스스로에게 질문을 던진다 "나는 오늘 무엇을 배웠는가. 이것이 나의 내일을 위해 어떻게 활용될 수 있을까" 내가 이런 질문을 던짐으로써 나는 내면의 성장을 경험할 것이고, 나 스스로 나의 말과 행동에 대해 어떤 책임을 져야 하는지에 대해 알게 될 것이다. 그리고 나의 성장에는 한계점이 없다는 것을 매일 경험하게 될 것이다.

나는 부정적인 생각들을 거절하는 법을 안다. 왜냐하면 나는 현실주의자이기 때문이다. 나는 내가 지금 살아가고 있는 삶에 대해서 다루려고 하고, 내 삶에 좋지 않은 영향을 주는 부정적인 생각들은 당연히 그냥 흘려 보낼 것이다. 나의 심리적 에너지를 고갈시키는 것들은 잠시 멈추어 두고, 내 삶에 어떤 것들이 들어올 수 있는지 지켜볼 것이다. 그리고 그중에서도 가장 좋은 것들만을 내 삶에 들일 것이다.

나는 늘 궁금하다. 내 안에는 내가 살아가고 있는 삶의 방식에 대해 궁금해하고 있는 어린 아이가 살고 있기 때문이다. 내 안의 아이는 모든 것에 관심이 많다. 그리고 그 아이와 나는 같은 생각을 공유하며 많은 기회들에 대해 함께 생각한다. 나는 아이와 같이 새로운 것을 배우는 것을 두려워하지 않는다. 아니, 오히려 즐기고 있다. 나에게는 그 한계를 알 수 없는 미래가 있고, 나의 내일은 매일매일 더 신선한 생각들로 가득 차 있다.

나는 다른 사람들이 말하는 것들을 모두 받아들이지 않는 대신, 그들이 말하는 것들 중 나에게 도움이 되는 생각들은 적극적으로 받아들이기로 했다. 나는 나의 지식에, 나의 교양에, 나의 인간관계에, 나의 자존감에, 나의 삶에 영향을 미치는 모든 긍정적인 것들에 대해서는 열려 있는 마음을 가지고 있다. 나는 나에게 도움이 되는 사람들에게 언제든 배울 자세를 가지고 있고 그들에게도 내가 선한 도움을 주며 선순환할 수 있다는 것을 알고 있다.

나는 긍정적인 자기대화를 매일의 나의 삶에 사용하는 법에 대해 연습하고 있다. 긍정적 자기대화는 나를 덜 불행하게 만들고, 더 나은 선택을 하게 만들고, 나를 덜 우울하게 한다. 이 대화들이 나를 완벽하게 행복하게 만들지 않지만 내 삶의 질은 더 높아질 것이라는 것에 대해 알고 있다. 나는 삶을 객관적으로 바라보는 시각을 가질 것이고, 그를 통해 내 문제를 객관적으로, 그리고 효율적으로 해결해 가는 방식을 알아갈 것이다.

나는 꿈꾸기를 멈추지 않을 것이다. 때론 나이가 들어가면서 꿈꾸는 것이 사치처럼 느껴지기도 한다. 그러나 나는 나의 잠재력과 가능성을 단순히 현실적인 이유로 가두어 놓지는 않을 것이다. 내가 어떤 사람이 되고, 어떤 일을 하고 있고, 어떤 사람과 어떤 관계에 있을지……나의 미래를 그려 보는 일은 나의 현재를 계속해서 움직이게 하는 원동력이 된다. 나는 지금 여기에 살아 있고, 그리고 나의 미래도 나에 의해서 생생하게 움직이고 있다.

모든 것을 긍정적으로 생각하기는 어렵다. 그래서 나는 오늘 딱 한 가지를 정하고 그것에 대해서만 생각하기로 했다. 내가 가장 고민을 가지고 있는 것은 무엇인가. 나의 삶의 낙은 무엇인가. 그리고 나는 어떤 것을 통해 성장할 것인가. 그 어떤 것이라도 좋다. 오늘은 한 가지에 대해 집중해 보자. 그리고 그것이 나의 내일을 어떻게 바꿀 것인가에 대해 생각해 보자.

나는 나와 다른 사람의 잘못에 대해 용서하고 잊는 것을 할 줄 아는 사람이다. 나는 화내거나, 원망하거나, 부정적인 에너지를 모으는 데 나의 시간을 사용하지 않을 것이다. 나의 뇌는 내가 느끼고, 사랑하고, 용서하고, 이해하는 그런 작업을 하는데도 바쁘기 때문이다.

나는 나의 행동을 가로막는 나의 두려움들을 다루는 방법을 하나씩 배워 나가고 있다. 나는 지금 당장 두려움에 멈춰 서는 것이 아니라, 다음은 어떻게 진행할 것인지…… 그리고 그 다음을 위해 내가 준비해야 하는 것이 무엇인지에 대해 생각하기로 했다. 그렇기에 단순하고 두렵다는 이유로 내가 더 나아지는 길을 포기할 일은 없다는 것이다. 나는 내가 느끼는 긍정적인 생각들을 행동으로 옮길 것이고, 두려움이 나를 막는다면 그 두려움이 나에게 얼마나 비합리적인지에 대해서도 밝혀낼 것이다. 세상의 많은 두려움들은 막연함으로부터 시작되며, 내 두려움이 어떤 형태인지를 모른다는 그 막연함이 우리를 멈추게 하는 족쇄가 된다.

사람들은 나를 좋아한다. 나를 좋아하는 사람들은 나의 단점에 대해 생각하지 않고, 그것을 자세히 들여다보려고 하지 않는다. 그러나 나를 싫어하는 사람들은 그것을 하나 하나 따지고 들려고 한다. 나는 그 사람들의 행동이 나에게 아무런 도움이 되지 않는다는 것을 안다. 그리고 그 말을 통해 내가 불쾌감을 느끼는 것도 의미 없다는 것을 알고 있다. 사람들이 나에게 친절하다면 내가 그만큼의 가치가 있기 때문이다. 나는 나를 좋아하는 사람들의 판단을 믿는다.

나는 내 안에서 평정심을 유지할 줄 안다. 누가 내 주변에 있든지, 어떤 것이 나를 자극하든지 간에 상관없다. 내 마음속에 존재하는 안정감에 대해 알고, 그 안에 존재하는 평화로움에 대해 스스로 인지하고 있다. 그리고 나는 내 안에 존재하는 평화로움의 가치에 대해 알아갈 준비가 되어 있다. 사람들이 하는 어떤 이야기가 아닌, 내가 나 스스로에게 하는 자기대화에서 나는 그 해답을 찾고 있다.

나는 존경심이라는 개념이 얼마나 중요한지에 대해 잘 알고 있다. 나는 나에게 선한 영향력을 끼치는 사람들을 존경하고, 나의 성취에 대해 존경심을 표하고, 다른 사람들의 관점에서 여러 사건들을 바라보며 내가 배울 부분들에 대해 생각하고 있다. 나는 스스로가 어떤 존경을 받을 사람인지에 대해 먼저 생각함을 통해 다른 사람들을 내가 어떻게 존경할지에 대해 잘 알고 있다.

　나는 내가 가지고 있는 문제점들을 극복할 능력이 있다. 왜냐하면 나는 그 문제점들보다 강한 존재이기 때문이다. 내 앞에 어떤 것이 펼쳐지더라도 나는 그것을 극복할 수 있는 힘이 있다. 나는 피하지 않고 그 문제들을 다룰 것이다.

출처: 김소울, 최혜윤(2020).

참고 문헌

교육부(2021). 2022 개정 교육과정 총론 주요 사항(시안).

국립국어원(2022). 표준국어대사전. https://stdict.korean.go.kr/main/main.do

김소울(2017). 셀프미술치료를 위한 그림으로 그리는 마음 일기장. 서울: 학지사.

김소울(2023). 아이 마음을 보는 아이 그림. 서울: 북앤정.

김소울, 최혜윤(2020). 나와 만나는 시간: 셀프 미술치료 워크북. 경기: 교육과학사.

이은정, 이주(2021). 고등학교 교양 심리학 수업 실행연구. 학습자중심교과교육연구, 21(22), 287-304.

한국교육과정평가원(2017). 2015 개정 교육과정에 따른 고등학교 미술과 평가기준 개발 연구.

현성용 외(2008). 현대 심리학 입문. 서울: 학지사.

Daniel, L. S. 외(2016). 심리학 입문(민경환 외 공역). 서울: 시그마프레스.

저자 소개

김소울(Soul Kim)
홍익대학교 미술대학 졸업
Florida State University 미술치료학 박사 졸업
현 플로리다마음연구소 소장
　　국제임상미술치료학회 회장
　　국민대학교 디자인대학원 미술치료 전공 겸임교수
〈주요 저서 및 역서〉
『마음챙김 미술관』(타인의 사유, 2022)
『아이 마음을 보는 아이 그림』(북앤정, 2023) 외 14권
『집단미술치료 프로그램 핸드북』(역, 교육과학사, 2017) 외 2권

이은정(Eunjung Lee)
홍익대학교 사범대학 졸업
이화여자대학교 교육학과 박사 수료
경기도전문상담교육연구회 초대 회장
현 안성고등학교 전문상담교사
　　한국전문상담교육연구회 회장
〈주요 교육연구 집필 자료〉
경기도교육청 「학교 내 대안교실 운영 매뉴얼」(2021, 2022)
교육부 「사이버 어울림 교과연계 프로그램 고등학교 진로와 직업」(2022)
법무부 인권교육 및 법교육 프로그램 「인성탐험대, 너와 나의 인권 찾기」(2021)

최혜윤(Haeyoon Choi)
홍익대학교 미술대학 졸업
Lesley University 미술치료학 석사 졸업
현 플로리다마음연구소 부소장
　　미술심리상담전문가
〈주요 저서 및 역서〉
『나와 만나는 시간』(공저, 교육과학사, 2020)
『한국형 섭식장애를 말하다』(공저, 학지사, 2020)
『자존감 향상을 위한 미술치료』(공역, 교육과학사, 2018)

교사를 위한 미술치료
청소년 편
Art therapy for teachers
—for teenagers

2023년 1월 10일 1판 1쇄 인쇄
2023년 1월 20일 1판 1쇄 발행

지은이 • 김소울 · 이은정 · 최혜윤
펴낸이 • 김진환
펴낸곳 • ㈜**학지사**

　　　　　　04031 서울특별시 마포구 양화로 15길 20 마인드월드빌딩
대표전화 • 02-330-5114　　팩스 • 02-324-2345
등록번호 • 제313-2006-000265호

홈페이지 • http://www.hakjisa.co.kr
페이스북 • https://www.facebook.com/hakjisabook

ISBN 978-89-997-2816-7 93180

정가 16,000원

출판미디어기업 **학지사**

간호보건의학출판 **학지사메디컬** www.hakjisamd.co.kr
심리검사연구소 **인싸이트** www.inpsyt.co.kr
학술논문서비스 **뉴논문** www.newnonmun.com
교육연수원 **카운피아** www.counpia.com